U0937494

实现从优秀员工
向团队管理者的成功转型

第一次当主管

吴东 著

北京联合出版公司
Beijing United Publishing Co.,Ltd.

图书在版编目（CIP）数据

第一次当主管 / 吴东著. -- 北京 ：北京联合出版公司，2018.9（2023.8重印）

ISBN 978-7-5596-2286-0

Ⅰ．①第… Ⅱ．①吴… Ⅲ．①企业管理 Ⅳ．①F272

中国版本图书馆CIP数据核字(2018)第130953号

第一次当主管

作　　者：吴　东

选题统筹：慢半拍·何勇斌

产品经理：慢半拍·周家丞

责任编辑：昝亚会　夏应鹏

封面设计：异一设计

版式设计：红杉林

北京联合出版公司出版

（北京市西城区德外大街83号楼9层　　100088）

北京联合天畅发行公司发行

北京旺都印务有限公司印刷　　新华书店经销

字数200千字　　710毫米×1000毫米　　1/16　　15.5印张

2018年9月第1版　　2023年8月第2次印刷

ISBN 978-7-5596-2286-0

定价：45.00元

本书若有质量问题，请与本公司图书销售中心联系调换。

电话：010-84369312　010-84369315　010-64243832

| 序 |

一位从来没有带过团队的朋友向我询问，该如何带团队、做主管。这位朋友的主管刚刚升职，离任前向公司上层建议，由我的这位朋友担任原来团队的主管。我的这位朋友从来没有带过团队，但觉得现在这个机会难得，想争取一下，又不知道该怎样去带团队。他不知道接任主管的职位对他意味着什么，是将走向成功还是失败？到底做成什么样子才算是合格的主管？自己的工作会不会得到团队成员的认可和上司的器重？特别是，曾经的同事变成了团队成员，他们对自己有什么期待？自己到底应该如何去激励他们？

这位朋友遇到的这种情况，解答起来还是比较容易的，毕竟他现在的上司就是原来的主管，管理的团队成员也多是原来的同事。对于那些刚加入一个新公司，即将管理一群新面孔的人来说，以上问题可能就会显得更加复杂。

我不认为当好主管会非常容易，不认同李鸿章教训儿子时所讲的“你连当官都不会，还能做什么”的观点。实际上，当一名合格的主管是需要很多技术的：

一名合格的主管会积极发挥“领头羊”的作用，先有优秀的自己再有优秀的团队，以优秀的自我管理赢得团队成员的信任；

一名合格的主管会用坚定的信念、真实的情感感召团队成员，凝聚力量，一起为梦想奋斗；

一名合格的主管会表现出优秀的执行力，用不断实现的小成就，积累起大成就；

一名合格的主管懂得用制度管人，用完善的规章制度和公平、公正的原则，保障团队正常运行；

一名合格的主管懂得制约、平衡团队的利益，分享成功的经验以激发团队成员的干劲；

一名合格的主管深谙授权之道，懂得如何激发团队成员的力量与智慧来完成工作；

一名合格的主管懂得用“能者上、庸者下、劣者汰”的原则，来保证团队的精干、高效；

…………

对于我的这位朋友而言，从他接受上司的任命、走上主管岗位的那一刻起，他就需要接受自己从优秀员工到主管的转变，不仅是工作方式上的，还包括意识上的；懂得如何把自己重新放入团队；懂得进行目标的分解、执行和监督落实；懂得确立一套机制，跳出凭个人喜好管人用人的“怪圈”；懂得放权的艺术；懂得激励团队的工作热情；懂得如何挥动手中的大棒和胡萝卜，并且不断精进自己的管理技术，如此才能在管理团队时更加得心应手。

希望他能尽快适应主管岗位的工作，早日成为一名优秀的主管！

目 录

第三章 目标：分解、执行和落实

第四章 用制度管人而不是人管人

第五章 放权的艺术

第六章 激励团队的工作热情

第七章 挥动手中的大棒和胡萝卜

第一章
从优秀员工到主管的工作方式和意识转变

先有优秀的自己，再有优秀的团队

如果第一次当主管的你不能做到“优秀”，怎么能让人相信，你会培养优秀的员工呢？只有你首先是足够优秀的，才有可能培养出足够优秀的员工。要求别人做到的，你就要先做到。

现代管理学研究表明，主管的榜样示范作用，会对员工形成实实在在的影响。它不仅表现在日常工作中，也表现在思维模式、行为习惯、表达方式、体态特征上。甚至一些不好的方面，也会对员工造成影响。

所以，如果你表现出一副宽以待己、严以待人的态度，制定严格的规章制度约束员工，要求员工去认真遵守，自己却十分放纵，享受各种“特权”的好处，势必将造成严重的负面影响——极大地伤害员工的感情，让员工对你丧失信心，致使团队走向失败。如果你没有能力管好自己，还是不要去担任主管、管理团队了。

曾担任三洋公司董事长、总经理的井植薰认为，如果主管认为规则只是为员工制定的话，那就大错特错了。规则是对包括各级经理、公司总裁、董事长等在内的所有人都有效力的，所有人都必须遵守。如果你因为自己是主管，具体的事情有员工去做，就觉得违反规则也无关紧要，是绝对不行的。

所谓“上行下效”，就是说上面有什么样的榜样，下面就会有什么样的仿效者，这会影响弱小的团队走向壮大，或裹挟一个前景大好的团队走向失败。

井植薰以身作则、身先士卒，在全体员工面前起了模范表率作用，让全体员工都不只满足于做好本职工作，而是注重个人提升，成为别人的榜样，从而形成广泛的影响。每个人都在为成为“优秀的人”而努力，最终才成就了“三洋”这个品牌。

所以，一个团队想要成功，就必须有一个像井植薰这样严于自律的主管。他们是自己最严格的监督者，无论什么要求都先从自己做起。

这种自律最能感染员工，能让主管树立威信，这也就是井植薰所谓的“欲善人先善己”的精髓所在。

作为主管，你所表现出的敬业精神，不仅能塑造、提升自己，还能感染员工。你率先示范，积极上进，你的员工就会受你影响，表现出巨大的热情和精神力量，带动整个团队变得积极向上。

从这个意义上说，主管的榜样作用更像是一种无声的命令，能辐射出强大的感染力和影响力。

心理学上有个名词叫作“同化效应”，是说一个团队在稳定的工作环境中相处久了，就会出现和谐的局面——主管和员工会在行为、思维方式上，表现出惊人的相似性。

可见，身为主管的你的行为方式、性格特点、人生观、世界观等，确实会对员工造成深刻影响。

这就决定了你必须首先变得足够优秀，然后利用这种优秀的基因，来影响、同化你的员工，使他们形成一个有机的整体。

时刻克制自己的坏情绪

第一次当主管的你一定要注意时刻克制自己的坏情绪，即使是面对看起来非常糟糕的境况，也要做到努力克制。俞敏洪用自己的一段经历，告诉你控制坏情绪的好处。

十几年前，新东方高层曾发生过一次争议。在这次争议中，俞敏洪不得不让出董事长的位置，将公司的日常事务交给董事会管理。当时有很多人觉得，俞敏洪此后一定会丧失斗志，缺乏重新爬起来的勇气。

俞敏洪却是安安稳稳地教了两年书，态度和善地讲课，客气地跟同事讲话，最后欣然接受了不堪忍受各种高压、琐事的董事会的邀请，重新担任新东方的董事长。俞敏洪用他淡然、稳重的表现，赢得了人们的信任。

当然，并不是所有人都能像俞敏洪那样宠辱不惊。很多人在情绪激动、亢奋的时候，会不自觉地加快说话的语速，直接暴露出自己内心的真实想法。

然而，要想做一个好主管，你先要学会如何克制自己的情绪，即使与人意见分歧时，也不涨红着脸大声地争辩，否则只会把局面搞乱，没有任何好结果。

记住，一个你认为有魅力的主管的样子，是非常有必要的：他可能是谈吐文雅严谨、言语入情入理、说理娓娓道来的，给人一种富有涵养的感觉。而他的反面可能就是不顾员工自尊、谈吐粗鲁无礼的，致使其与员工之间充满了矛盾和隔阂。

曾有一位负责管理印度尼西亚海洋石油钻井平台的美国经理，某一天，他看到了一个员工的糟糕表现，立即怒气冲冲地嚷道："你这个混账东西，赶紧搭下一班船滚回家去吧！"

这样的粗鲁态度和言辞，对这个员工的自尊心造成了伤害。他被激怒了，二话不说，抄起一把斧子就朝着经理冲了过去，吓得经理立刻逃到工棚里。他紧追不舍，结果被工棚里的其他工友大力劝阻，才避免了一场恶性事件。

很显然，这场冲突是因为经理没能控制住自己的情绪。对于主管来说，面对糟糕状况隐忍不发、含而不露，是一种非常重要的品格。这样的主管，在任何时候都不会表现出"慌张""愤怒""紧张""犹豫"等情绪。他们的超然心态和优雅气度会为他的人格添彩，让他显得更有魅力，赢得员工的尊重。

哈佛大学心理学博士、情商之父丹尼尔·戈尔曼认为，决定人命运的不是智商，而是情商。也就是说，情商（包括稳定的心理、坚忍不拔的意志和健康的心态等）会促使你走向成功。

如果你有能力却怀才不遇，你缺少的可能是机遇；如果你既有能力也有机遇却仍不成功，那你缺少的便是情商了。它让你不懂得如何与人共事、与人沟通，也不能影响别人，也就没有什么魅力可言了。

所以，事情越复杂，就越能检验第一次当主管的你的应对能力。如果你经受各种因素的干扰仍能作出正确的决定，就说明你真正成为了一名优秀主管，也就意味着你能用你的人格魅力去影响你的员工了。

作为“领头羊”，你要有绝对优秀的自我管理能力

有一次，松下电器要招聘一批基层管理人员，经过一番面试，选出了10名佼佼者。总裁松下幸之助看过名单后，发现面试时给他留下深刻印象且成绩特别出色的、一个叫福田三郎的年轻人，并没有出现在名单里。

于是，松下立即叫人复查考试情况，发现福田三郎的综合成绩其实名列第二，只是因为电脑故障落选了，松下立即要求给他补发录用通知书。

第二天，有人向松下报告，说福田三郎因没有被录取，跳楼自杀了，录取通知书送到时已经死了。

听到这个消息，松下沉默了好久，一位助手自言自语道：“多可惜，这么一位有才华的年轻人，我们没有录取到他。”可松下却摇了摇头，说：“幸亏我们没有录用他，意志如此不坚强的人是干不成大事的。”

可见，在生活中也善于自我管理的人，才具有成长为优秀主管的资本

和潜质。IBM的创始人托马斯·沃森认为，主管若能在日常生活中表现出强大的自我管理能力，就能让人相信他也能管好一个团队。

在美国管理咨询大师拉姆·查兰提出的主管个人能力六阶段模型中，最重要、最基础的就是自我管理能力。

所以，只有当一名主管具备了优秀的自我管理能力，他才能赢得员工的信任。

真正的管理其实根本不是用权力去管理别人，而是主管先把自己管好了，让这种自我管理行为产生效果，进而影响员工的行为，让他们心甘情愿服从你。

对于第一次当主管的你来说，只有用比管理员工更严格的标准要求自己，做员工的表率，才能让员工甘心聚拢在你的周围。如果你讲一套，做一套，那么，无论看起来多么漂亮的管理，都是没有效果的。

美国总统西奥多·罗斯福也是一个善于自我塑造和自我管理的人，曾被公认为美国历史上身体最健康、意志最坚定的领导人。他小时候体弱多病，以至于父母经常为他能否安然活下来而担心。他是怎样完成这种转变的呢？

西奥多·罗斯福回忆道："由于既虚弱又笨拙，所以我对自己毫无信心。我需要艰苦地训练自己的身体，更需要强化自己的意志和精神。"

这种训练贯穿了他的一生，即便是在总统任职期间也是如此。在白宫，他"总是在下午尽量抽出几个小时进行体育锻炼，打网球、骑马，有时也行走在崎岖的乡间小路上"。

他认为，只有通过实践锻炼才能真正获得自制力，只有依靠惯性和反复的自我控制训练，神经才有可能得到完全控制。从反复努力和训练意志的角度上看，自制力的培养过程在很大程度上就是一种习惯的形成过程。

哈佛大学心理学教授保罗·哈莫尼斯认为，自我控制是抑制自己的情绪、欲望，控制自己的行为，使自己以最合理的方式行动。因此可以说，只有具备了优秀的自我控制能力，才能牢牢把握自己的命运。

对于第一次当主管的你来说，你的职位决定了你需要随时面对各方面的压力。你不仅要有健康的身体，也要有良好的心理素质，否则可能会因为工作中的挫折而一蹶不振。

总之，优秀的自我管理会帮你塑造起自己的形象，让你在团队管理中占据优势，对员工形成积极的影响。

选择合适的人，为团队创造效益

清楚员工的工作能力，是第一次当主管的你上任伊始就应该做的事情。因为你需要首先确保团队能生存下去，用合适的人为团队创造效益，将是你不可推卸的责任与使命。你需要员工树立一个简单却至关重要的概念，即每一个人都有责任帮助团队尽力赚钱。

一位从事房地产销售的总监说："所有团队的管理者和老板，只认一样东西，那就是业绩。老板给我高薪，凭什么呢？凭的就是我所做的事情，能为公司带来多大的业绩。"

你从一开始就要让员工明白，不管他在团队中的地位如何、长相如何、学历如何、表现如何，甚至也不论他是否比别人更辛苦，想要在团队中不断地成长、发展，实现自己的目标，都需要用"业绩"来说话。

有这样一家酒店，到这里来的住客会发现，有的房间里即使没有热水器，也能在任何时候用到热水。这是怎么做到的呢?

原来，这源自酒店的一个小创意——工程部的员工将为酒店洗衣房供应热水的锅炉利用起来，将锅炉的剩余热能用来烧热水，然后再通过管道输送到酒店的每一个房间。

这是一家四星级酒店，根据标准是要给客人提供18小时洗衣服务的，所以酒店里为洗衣房供应热水的锅炉，基本上一直处在工作状态。但是，锅炉烧出来的热水远远超过了洗衣房的需要，如果不善加利用，就会造成大量的浪费。

工程部的主管经理上任伊始就发现了这个问题，看在眼里也痛在心上。他左思右想，终于想出了一个合理的方案——用水管连接到各间客房，用锅炉烧出来的热水替代热水器烧水，供客人使用。

如此一来，酒店既有效利用了锅炉产生的过量热能，又降低了热水器的使用率，节省了一大笔支出。

能时刻想着怎样维护团队利益、对团队有所贡献的员工，也就是优秀的员工了。所以，在日常工作中，基本达成目标只代表着员工按照基本的工作流程，履行了自己的工作职责，做了自己应该做的事情。能否在此之外为团队创造价值，是评价员工是否优秀的一个标准。

就像你交代某个员工去买一批特定型号的电脑，碰巧供应商手头上没有现货。这个时候，就很能展现员工的个人能力了。

如果员工两手空空地回来向你汇报“供应商无货”，并且觉得自己白跑一趟很辛苦，你会是什么感觉?

如果员工得知供应商一时没货，便主动询问新一批电脑的到货时间，并向你电话询问最晚什么时候要，或者是否可以更换型号等，为你决定是继续在该供应商处订货还是到别处采购提供依据，你又会是什么感觉？

所以，相对于经常被动接受工作安排的员工，那种既能完成目标又能主动为你提供解决方案的员工，才更值得你关注，更能为你创造价值。

与每一个员工保持沟通

美国著名管理学家赫伯特·西蒙认为，管理就是将一系列决策付诸实施的过程。也可以说，所谓“管理”就是“决策”，两者所指的是相同的过程。

正确的决策来自哪里呢？杰克·韦尔奇认为，“管理就是沟通、沟通、再沟通”。对于第一次当主管的你来说，管理是需要通过不断的沟通来实现的。

沟通是管理行为中最为重要的组成部分，是任何管理艺术的精髓所在。不管到了什么时候，管理都离不开沟通。

松下幸之助认为：“管理的过去是沟通，现在是沟通，未来还是沟通。”美国著名未来学家约翰·奈斯比特曾说：“未来的竞争将是管理的竞争，竞争的焦点在于每个社会组织内部成员之间及其与外部组织的有效沟通上。”由此可见，沟通在管理过程中占据了多大的分量。

杰克·韦尔奇被誉为“20世纪最伟大的企业领导人”之一，曾担任通用电气的CEO。在他上任之初，通用电气的内部还存在着森严的等级制度，结构非常臃肿——有从上到下的8个层级，多达350个经营单位。这样庞大的机构设置，让通用电气在残酷的市场竞争面前不堪重负，走上了下坡路。

在杰克·韦尔奇的一番大刀阔斧的改革之后，通用电气的层级变成了4个甚至3个，原有的经营单位数量被削减了25%，减少了十几万份工作，所有的经营单位被裁减合并为13个主要的业务部门，总资产在被卖掉近100亿美元后又增加了180亿美元。

让杰克·韦尔奇最引以为成功的，是他亲手建立了“非正式”的沟通方式。通过这种“非正式”沟通，杰克·韦尔奇不失时机地让员工感到了他的存在。

对于几乎所有人来说，让通用电气的内部沟通变得“非正式”，都意味着对原有管理体系的破坏，也意味着不同层级之间交流的增多，让即使最下层级的雇员也能感受到，自己是在为一个与自己相知甚深的管理者工作，而非一个刻板、庞大的公司。

比如，杰克·韦尔奇每个星期都会出其不意地造访某些工厂和办公室，临时安排与员工经理共进午餐，用传真机向工作人员发送亲手书写的便笺。

杰克·韦尔奇这种提笔为员工写便笺的方式，主要也是为了体现对员工的关怀，让彼此间的关系从单纯的上下级关系，升华为一个人与另一个人的平等关系。

一位曾与杰克·韦尔奇密切合作过的通用电气的经理曾生动地描述他眼中的杰克·韦尔奇："他会追着你满屋子团团转，不断地和你争论，反对你的想法。你必须要不断地反击，直到说服他同意你的思路为止。这时，你可以确信这件事一定能成功。"

杰克·韦尔奇曾说："我们希望人们勇于表达反对的意见，呈现出所有的事实面，并尊重不同的观点。这是我们化解矛盾的方法。""良好的沟通就是让每个人对事实都有相同的意见，进而能为他们的组织制订计划。真实的沟通是一种态度与环境，它是所有过程中最具互动性的，其目的在于创造一致性。"

这就是有效沟通的价值，同样对你具有重大的意义。通过有效沟通，你能更易于与员工达成某项共识，与员工一起面对问题，体现出作为主管的你对员工的支持。

轻易许诺，一个你会经常犯却也最应该避免的错误

第一次当主管的你在担任主管的过程中，最应该避免的错误就是“轻易许诺”。

轻易许诺，可能是许多主管经常犯的一个错误。之所以会这样，是因为当员工提要求时，主管没有足够的时间好好思考，或是想通过满足员工要求的方式激励员工奋进，实现团队的目标。

但是，当下许诺得越轻易，将来兑现起来就越难，后悔的概率就越大。因此，遇事先要学会冷静。

马云在团队管理时，一直强调“不给任何人承诺”的原则，而是用事实和行动来说话。他从来不承诺任何人加入阿里巴巴都会升官发财，因为升官发财是个人努力的结果，他能承诺的，是加入阿里巴巴后一定会很倒霉、很冤枉，因为干得好了，主管可能还是不喜欢。但是有了这些经历之

后，即使将来离开了阿里巴巴，也一定会满怀信心，既可以自己创业，也可以在任何一家公司做到很好。

在招揽人才的时候，马云没有给过应聘者过多许诺，他唯一能许诺的，是四年间的痛苦、委屈、不理解、难以沟通和失败的努力，这是阿里巴巴送给应聘者的真正“财富”。

在马云看来，在阿里巴巴工作的人必须是有梦想的人，因为只有把工作当作深造和学习来对待，才是创业型人才应该具备的素质。

对阿里巴巴来讲，拥有共同价值观和企业文化的员工是最大的财富，如果把钱投在这样的员工身上，培训他们的技能，那么他们创造的财富将远远超过对他们的培训支出。

对于所有在阿里巴巴门口徘徊的人才，马云表示只要是人才他都要。2004年，阿里巴巴在广告上没有花一分钱，却在对员工的培训上花了几百万元，因为他觉得这将会给阿里巴巴带来最大的回报。

阿里巴巴有120万会员，曾连续两次被哈佛评为“全球最佳案例”，连续两次被《福布斯》评为“最佳B2B网站”。在电子商务领域，阿里巴巴的会员数居世界第一位。

在马云看来，没有优秀的员工，阿里巴巴根本没法做到这些。这些成绩都不是他当初用金银诱惑得到的人才完成的，而是没有得到他承诺的或是受残酷承诺逼迫的那些人创造的。

马云说，阿里巴巴最艰难的时候是在2001年。当时，互联网进入了冬天，阿里巴巴既没有品牌又缺少资金，市场形势也非常不看好，有很多人进来，也有很多人出去。

马云记得当时有一个刚刚进入阿里巴巴的年轻人，他跟那个年轻人说希望在最艰难的时候他也能坚持下来，对方承诺五年之内不会走。结果，在这五年间，与他同来的人几乎都走了，当他也快要坚持不住时，马云说记得他当时跟自己说的话。后来，那个人坚持了下来，最终获得了成功。

所以，你的许诺应当不是为了激励员工而轻易给出的，也不是在员工请求下随便答应的。

一旦日后你不能兑现自己的诺言，这些随便答应的诺言，便会成为一个可能埋葬你的“坑”，在伤害员工的同时也伤害到你自己，而且谁也没有办法救你。

对浪费时间的“垃圾”工作说“No”

第一次当主管的你是否听到过员工的抱怨，抱怨自己被繁重的工作压得喘不过气来？其实有时并不是工作过于繁重，而是他的工作方法有问题，导致工作效率太低。

那么，该如何提高工作效率呢？那就要学会如何在工作时保持高效。

心理学与行为专家罗贝塔·罗史认为，要想提高工作效率，就要对浪费时间的“垃圾”工作说“No”，节省下时间去做那些可以提高你生产效率的工作。

以下这些方法，可能会让你的工作效率在比较短的时间里就能获得较大提升：

在每个工作日的头15分钟，将当天要完成的事情按照优先级整

理出一个清单。这样会帮助你精确找到需要优先处理的问题，避免在不太重要的事情上消耗精力；可以让你即使决定在某个时间停止工作，也不会让工作进度受到多大影响，一切仍在你的掌握之中。

按照你每天做出的任务清单，将清单中的一些可以由员工去做的事情，交给他们去做，不要什么事情都自己来。这样会帮助你的团队尽早开展工作，并加快任务进程。

一件一件地去处理你的事情，尽量确保在做完一件事之后才开始下一件事。当你觉得清单上的事情不能在一天内全部完成时，可以按照优先级的顺序，先做优先级高的事情，能做多少就做多少，尽量不加班去完成全部事情。

隔几个小时而不是每隔十分钟去查看一次电子邮件。

将办公电话设置成语音邮件，只选择那些的确需要你去回复的紧急事务。

团队内部的会议，只安排在你方便的时候召开。

必要的时候，你可以关上办公室的门，尽量隔绝外界干扰对你的影响。

在办公过程中充分利用办公自动化设备和应用程序，尽量减少手工操作，让你获得更多的时间。

多进行有效沟通，尽可能保证你的工作能一次做完、做好。

避免无谓的争论。它会影响你的情绪和人际关系的建立，不仅会占用大量时间，还可能对解决问题毫无用处。说得越多就会做得越少，当你仍在喋喋不休的时候，聪明人早就走出很远，做自己的事情去了。

对于性质相同、种类相同、相似度高的工作，可以放在一起，一次解决。

不断反思工作中的问题，思考提高工作效率的有效方法。

安排特定的时间休息一下，可以散散步或吃些东西，帮助你提高工作效率。无数事实证明，不会休息的人很难把工作做得很好。

养成时刻保持办公桌面干净整洁的习惯，将你的各种文档分门别类地整理好，避免你在寻找文档时浪费时间。

养成每天离开办公室前都制订一个明日工作计划的习惯，尽量不把工作带回家，保证有足够的休息时间。

以上这些，便是一些可能对你有效的、能提高工作效率的方法，可以帮助你有效应对团队管理中的各种难题。

坦诚面对自己的过失和错误，并承担责任

美国南北战争期间，林肯总统曾签发了一项命令，调动了一些军队，结果被当时的作战部长爱德华·史丹顿生气地评价为“一个笨蛋”。爱德华·史丹顿之所以生气，是因为他认为林肯干涉了他的业务。

林肯听说了史丹顿的这番评价后，很平静地说：“如果史丹顿说我是笨蛋，那我一定就是一个笨蛋，因为他几乎从来就没出过错，我得亲自去看看。”

林肯匆忙赶去了史丹顿那里，一番交流之后，他知道自己签发了一项错误的命令，于是赶紧收回了该命令。

在这则故事中，我们看到了身为总统的林肯的一个侧面，他之所以能成功，与他能接受别人的批评，并能主动承认错误是分不开的。

面对史丹顿的批评，身为总统的林肯并没有反驳，而是虚心接受。

那么，第一次当主管的你又能从这则故事中得到些什么样的启示呢？

若是以团队管理来说明的话，林肯无疑是这个团队的“主管”，作战部长爱德华·史丹顿就是林肯的“员工”。面对员工的评价，作为主管的林肯能从事实本身出发，虚心接受员工的批评，勇于承认自己的错误，并积极改正错误，表现出非常难能可贵的品质。

所以，第一次当主管的你在管理团队时也要广开言路，虚心听取，知错即改，这样既有利于你作出正确的决策，又会帮你塑造开明民主的形象。如果一味地固执己见，则不仅无法纠正自身存在的错误，还可能一错再错，最终失去自己的威信。

英特尔前CEO安迪·葛洛夫认为，“所有处于管理岗位上的人，无论男女老少，都担心一旦承认错误，就会毁掉自己千辛万苦赢来的尊敬。但事实上，承认错误的确是力量、成熟和正直的标志”。

作为团队的核心人物，身为主管的你如果没有坦诚面对过失和错误的态度，就难以树立起一个好形象，还会成为员工的坏榜样，导致员工在错误面前不仅不认真反思，还推卸责任，让错误越来越严重。

在团队遭遇危机的时候，身为主管的你也需要勇于承认错误，承担责任。当你做到了担责、道歉并自我剖析、深刻反省之后，员工才能以端正的态度面对错误，彻底解决问题。

身为主管，你主动承认错误，其实对你也不是什么坏事，反而会树立起你负责任的正面形象，修复一些可能受到损伤的关系，凝聚团队的向心力。

你的勇于认错的行为，也不会被员工认为是一种示弱和服软，反而会被认为是你个人涵养的体现。

第二章

把自己放入团队

用坚定的信念点燃周围人的激情

拥有坚定的信念和目标，对未来充满希望，是一个优秀主管应当展现的显著特征。员工而非主管的愿望和动机，应当成为被关注和反映的焦点，并以此为基础形成团队的共同愿望和目标。

就像《西游记》中的“唐僧团队”一样，唐僧对“西天取经”的目标，表现出了坚定、执着的信念。

为了实现“西天取经”的这个宏大目标，唐僧表现出了令人敬佩的坚定决心，即便需要面对的是一条“豺狼虎豹出没，妖魔鬼怪横行”的“不归路”，也表现出了“风萧萧兮易水寒，壮士一去兮不复还”的悲壮、豪迈气概。这让他成为一个“天然”的管理者。

这种义无反顾的精神，是“唐僧团队”西天取经途中不可或缺的。纵观整条取经路，孙悟空曾数次“擅离职守”，猪八戒多次叫嚷“散伙”，让“唐僧团队”一度摇摇欲坠，濒临瓦解。

因为始终有唐僧在，取经团队虽久经磨难却始终不散，维持了固定的结构，最终成功到了西天，取回真经。作为取经团队的核心和主管，唐僧出色地履行了自己的职责，是当之无愧的。

沃顿商学院的教授罗伯特·豪斯认为，主管要表现出对信念的执着和对前途与目标的丰富想象力，帮助自己和员工在事业即使处于低谷期或一穷二白阶段时，也能执着于自己的初心。

主管首先要忠诚于信念，进而规范自己的言行、举止，辅助语言所表达的信息，让人们相信他的能力和人格，聚拢优秀人才到他的身边来，一起去实现团队的目标。

所以，第一次当主管的你在任何困难面前，都要向员工传达坚定的信念。它可以帮你战胜挫折、赢得机遇，战胜工作中的困难，让员工更愿意留在你的身边，与你继续共同奋斗。

有时候，你的信念不光要表现在团队目标上，也需要以实际的行动，让员工重拾信心。

1945年9月2日，日本投降仪式在美军“密苏里号”战舰上举行。

当五星上将麦克阿瑟即将代表盟军在受降书上签字时，突然停下来，转过身来招呼陆军少将乔纳森·温斯特和陆军中校亚瑟·帕西瓦尔，请他们站在自己的身后，并在签字仪式后，将签署英、日两种文本受降书所用的五支笔中的两支，分别赠送给温斯特和帕西瓦尔。

麦克阿瑟的这番举动，让在场的所有人都感觉到震惊，因为温斯特和帕西瓦尔是“败军之将”，都在开战不久后便遭日军俘虏，但人们也很快想起了这两个人都是在率部苦战后因寡不敌众，奉命放弃抵抗的。

他们全都忍辱负重地接受了战俘营生活，几年下来已经是面容憔悴，此时正是需要这种鼓励的时候。麦克阿瑟正是希望通过对他们的信任举动，激发他们对于未来的信心。

这也在提醒第一次当主管的你，在关注少数取得成功的员工之余，也需要对那些曾经辛勤工作却不太“成功”的员工施予关注，或是鼓励，或是表扬，帮他们重拾自信和信心，激发他们的潜能，为了团队目标的实现而继续努力。

就像唐僧取经路上会遭遇“八十一难”一样，如果你也能像唐僧那样在经历磨难的时候能想着团队目标，懂得适时激励员工的话，员工就会愿意与你一起实践目标，创造成就。

用清晰、明确的“群体目标”团结员工，并与员工一起奋斗

美国管理大师彼得·德鲁克认为，并不是有了工作才有目标，相反，是有了目标才能确定每个人的工作。所以，团队的使命和任务必须转化为具体可行的目标。

一些研究《道德经》的学者认为，在“道德经”这三个字中，“道”是方向，“德”是能力，“经”是实现目标的方法和路径。

假设这个说法是成立的，那么第一次当主管的你就任伊始，就应当为团队设定可以共同实现的目标。

创新工场董事长兼CEO李开复认为，明确愿景、制定目标会帮助主管快速实现对团队的领导和管理。

马云也认为，“不要让你的同事为你干活，而让我们的同事为我们的目标干活，共同努力，团结在一个共同的目标下面，要比团结在你一个人

手底下容易得多。所以，首先要说服大家认同共同的理想，而不是让大家来为你干活”。

管理学认为“团队”是一个“由员工和管理层组成的‘共同体’，它合理利用每一个成员的知识和技能协同工作，解决问题，达到共同的目标”。

在这个定义中，目标、人、定位、权限、计划是构成团队的五大要素，其中又以“目标”为首要因素。

由此可见，确立一个“团队”，首先要有一个共同的“目标”，否则就不能算作“团队”，顶多只能是“一群人”。

员工的工作动力来自对“目标”的追求，是因为磁铁一般的“共同目标”的存在，员工才被团结在一起，心往一处想，劲往一处使，进而迸发出巨大的创造力。

所以，第一次当主管的你要首先建立一个“共同目标”，去团结员工，进而激励他们一起奋斗。

就像杰克·韦尔奇所说的那样：“我一直相信，是否建立了一个高远的目标，让它成为团队的共同目标，并且让大家为了它而奋斗，是评判一个领导者的最为核心的标准，也是经常被许多人所忽略且找不到着力点的关键所在。”

建立“共同目标”后，你还需要向员工明确表达对于目标的预期，这样就可以让员工明白你的期望。否则，员工就可能会糊里糊涂、晕头转向，就更别提“有效执行”了。

目标表达得越明确，员工就越容易理解；解决问题的策略和方法越清晰，成功的可能就越大。

美国行为学家吉格勒认为，“设定一个高的目标，就等于达到了目标的一部分”。所以，第一次当主管的你在制定团队目标的时候，一定要遵循“既不太高，也不太低”的原则。

制定的目标较低，员工会满怀信心地认为完全可以实现；目标逐渐升高，员工就会逐渐减少信心，实现的概率会逐渐降低。当超过了某个点后，员工可能付出极大努力却依然不能达成，就会变得灰心失望，甚至对工作产生厌恶情绪。

一定是那种“跳一跳，够得着”的目标，才算是优秀的目标，才有利于团队的不断发展和前进。就像用枪去射击标靶，只有当标靶在子弹的射程之内时，子弹才有可能命中靶心。

实际上，很多主管都不明白这个道理，总是将自己的“枪口”瞄向不切实际的目标，犯下好高骛远、求大求全的错误。

所以，第一次当主管的你一定要懂得通过可以不断实现的目标来激发员工的潜能，避免目标定得太高，致使“可预期的实现概率”迅速减小，挫伤员工的积极性。

为团队创造"跳一跳"就能实现的梦想

很多管理学理论都认为，一个优秀主管必须是"造梦大师"，懂得适时描绘一个可以实现的梦想，为每一个愿意做事的员工提供发挥才能的舞台，激励员工努力去自我实现。

松下幸之助也认为，真正激励人们全身心投入的动力，不是金钱等外部条件，使人们不断前行的，是组织内在的信仰。

所以，第一次当主管的你要为员工描绘一个美丽的"梦"。这也是一种领导和团结员工努力工作的方式。

曾连续三年蝉联全球500强企业榜首的沃尔玛就是一家善于"造梦"的公司。无论你走进哪家沃尔玛连锁超市，都能感受到工作人员热情、周到、诚恳、细致的服务，以及他们所营造出的温暖、柔和、愉快、舒适、其乐融融的氛围。

沃尔玛的创始人山姆·沃尔顿一手打造了沃尔玛，把自己的思想和理念全都融入了员工的思与行、德与品之中。

山姆·沃尔顿为员工“造梦”的第一招，是每天早晨工作开始前，全体员工都会欢呼自己是“第一”，并且把这种积极的观念与肢体语言结合起来。

肢体运动是最容易唤醒潜意识的，充满热情的欢呼会直接进入员工的潜意识中，会让员工做每一件事情的时候，都会从潜意识里自动跳出“第一”“热情”这些字眼，变得充满活力、热情，做任何事情都会力争做到最好。

山姆·沃尔顿为员工“造梦”的第二招，是为员工提供非常清晰的模仿对象。沃尔玛公司会邀请世界级的明星人物担任高层管理者，规章制度中有一条“任何员工都可以与领导直接进行交流”的规定，从而使任何一个员工都能更加贴近成功人士，去模仿这些成功人士的言行。

于是，这些成功人士便成为所有渴望自己更优秀、更成功的员工的“催化剂”，让他们都积极地工作，并对未来充满憧憬。

山姆·沃尔顿为员工“造梦”的第三招，是对每位员工都极为尊重和爱护。山姆·沃尔顿曾因与员工打赌输了而在大街上跳“草裙舞”，一度成为媒体争相报道的新闻事件，体现出山姆·沃尔顿所代表的管理者与普通员工之间的融洽、和谐的关系。

此外，沃尔玛的每位员工都会佩戴一枚特制的胸牌，让每位员工时刻对自己的工作充满自豪感。

通过这三个“招式”，沃尔玛将“对顾客微笑迎接、热情服务”的要求，变成公司各种规章制度的基础，让公司上下各个层级都充满着干劲，都变得越来越充满热情。

尽管看起来，让每一个员工时时刻刻都保持热情高涨的状态非常困难，但沃尔玛最终还是做到了，也因此成为世界上的伟大公司之一。

沃尔玛的这个事例，对于第一次当主管的你有什么启发呢？为员工“造梦”可能是非常困难的，但并不是不能实现的，沃尔玛便为我们提供了实实在在的例证。

需要注意的是，在为员工创造“梦想”的时候，你一定要遵从团队所处的环境和现实状况，根据员工的实际能力，制造一个具有一定挑战性却并不过高的“梦”，由你与员工一起去实现。这样能提振员工的信心，激发他们前进的力量。

并且，从心理学的角度看，员工在遇到难度较高的工作时，会比较容易陷入不安之中。一旦不安心理加重、加深，就会出现“自我萎缩”的状态，也就是会认为自己渺小、微不足道，进而导致严重的自我贬低，认为自己什么都不行，甚至全面否定自己，觉得自己在目前的工作环境中前途渺茫，没有出路。当他们充满希望时，便没有了这种不安感，就会表现出不断前进的动力，进而表现出实现自我、发展自我的强烈愿望。

所以，让员工看得到希望的团队目标才能顺利实现，身为团队主管的你为员工创造的“梦”才算是成功的、符合现实状况的。

说到做到，让员工信任你

美国作家阿兰·道伊奇曼在著作《说到做到：如何成为真正的商界领袖》中，揭示了那些精英的个人品格——“行其所言，说到做到”，甚至在危急时刻，还能依然如故地保持言行一致。这种行为胜于任何雄辩，为他们赢得了不可动摇的声誉。

爱尔兰有一家著名的生产威士忌酒的公司，每年会将生产的上千万瓶威士忌酒销往世界各地。面对大好的形势，公司总经理莱昂纳德为公司设定了新的目标——要在新的财年里将销量和利润翻倍，并承诺会在圣诞节给每一位员工发一个大红包。

然而，由于制造环节的失误，销往挪威的一批威士忌酒被检验出苯含量超标，结果价值千万的货物被挪威海关收缴销毁，并需缴纳挪威食品安全部门开出的巨额罚单。这样的境况让莱昂纳德的计划流产。

莱昂纳德为此接连召开紧急会议。有人提议不再发放圣诞节奖金了，这样就能省下一大笔钱来交罚单。

莱昂纳德却不这样认为，他认为当前的窘境是因为公司的失误而非员工的失误，并且全体员工都已经对这份圣诞奖金期待已久，如果公司到时候不能兑现承诺，必将导致公司在员工中的威信尽毁。这是公司无法承受的结果。显然，与当前的资金损失比起来，失信于全体员工要严重得多。

于是，在莱昂纳德的坚持下，当年的圣诞节奖金按时发出，但也让公司的经营状况雪上加霜。

此举赢得了全体员工的信任，凝聚起了更加强大的力量。终于，在接下来的一个财年里，全体员工在总经理莱昂纳德的带领下，打了一个漂亮的翻身仗。

莱昂纳德的威士忌酒厂之所以能获得成功，在于管理团队对于“承诺”的重视和对全体员工的尊重，是这种发自内心的真诚，让酒厂员工愿意与窘迫的酒厂一起面对困境。

松下幸之助说：“信用既是无形的力量，也是无形的财富。”

所以，第一次当主管的你一定要言行一致、说到做到，这样能让你在员工中树立起个人威信，顺利实现对团队的有效领导和管理。

想要做到言行一致、说到做到，就要学会以下三个方面：说话之前深思熟虑，凡事不作轻率的许诺，只许诺自己能做到做好的；牢记自己说出的话、作出的许诺，尽量快速实现；当现实情况的变化致使兑现诺言出现了困难时，也要全力以赴地去实现，实在不能实现的也要及时与员工沟通，寻求替代办法，而不能以现实条件困难为借口，将自己的承诺搁置起来，对员工的正常需求不闻不问。

对于“说到做到”，史玉柱曾表示，在现在的主管职业素质中，这是最受他看重的。只要承诺了会在某个时间点做完某件事，就一定要做完。完不成的，不管出于什么原因，有什么充分、客观的理由，都要接受一定的处罚。

史玉柱是个极端典型的实用主义者，他认为作出的承诺一定要兑现，一定要说到做到，即使一时实现起来有困难，也要想方设法地去实现。

可见，“说到做到、言行一致”是使你走向成功的基础，是员工判断你是否值得尊敬、值得信赖的重要标准。

所有人都希望自己不被欺骗，都希望别人说的是真话，如果你无法兑现自己的承诺，只知道一味给员工开“空头支票”，那你必将丧失员工的信任，丧失员工对你的好感，让你在主管位置上做得非常艰辛。

如果员工认为自己可以，就不要帮他们作任何决定

第一次当主管的你是否会抱怨你的员工工作不给力，觉得什么事情都要你操心，而你的员工却认为你是在乱指挥，不能给他自由发挥的空间呢？结果，工作局面就在你们的相互指责中陷于被动。

其实，造成这种被动局面的，在很大程度上要归咎于身为主管的你，是你的管理策略出现了问题。

索尼CEO平井一夫认为，每一个员工都是一个个体，主管的职责就是让这些个体去成长，最终形成一个伟大的团队。

杰克·韦尔奇也说："掐着员工的脖子，你是无法将工作热情和自信注入他们心中的。"

从这个角度看，恰恰是某些时候，身为主管的你因为对员工不信任，才会干涉太多的具体事务，导致员工没有了自由发挥的空间，矛盾也就产生了。

CNBC（美国全国广播公司持有的全球性财经有线电视卫星新闻台）电视频道的《商务中心》是通用旗下的一档颇受欢迎的节目。2001年4月底，该节目的女主持人苏·埃雷拉给杰克·韦尔奇打了一个电话，告诉他：著名节目主持人多布斯又回到了CNN（美国有线电视新闻网），将主持《货币之线》节目。

《货币之线》与《商务中心》处于同一个时间段，多布斯的回归会对《商务中心》的收视率造成严重威胁。为此，她希望杰克·韦尔奇能发一封电子邮件，以鼓舞她的团队成员的士气。

杰克·韦尔奇知道苏·埃雷拉为此取消了私人休假，但他在电话里告诉苏·埃雷拉，他不会发邮件的，他要亲自去她的工作室详谈。

在接下来的一个星期里，杰克·韦尔奇与苏·埃雷拉的15人团队并肩作战，吃饼干，喝可乐，一起讨论了几十个应对方案。

杰克·韦尔奇的身体力行的支持，使得《商务中心》在星期一播出时，收视率与《货币之线》打了个平手，随后便开始明显上升。

杰克·韦尔奇用实际的行动，增强了CNBC团队成员战胜对手的信心和决心，成功挽救了《商务中心》节目的收视率。

仅仅是通过这一件小事，杰克·韦尔奇的领导魅力便显露无疑。他并没有选择像个将军似的用邮件对员工进行指挥，而是用身体力行的行动去支持员工，一起讨论方案，帮助他们确立战胜对手的信心。

看了杰克·韦尔奇的故事，第一次当主管的你应当明白，当员工面临重大困难时，你还是身体力行地协助吧。这样既能为员工提供支持，又能弥补员工的不足，协助员工按时、高效地完成工作。

如果你还没有认识到自己喜欢用邮件指挥员工工作的问题，那就从现在开始去认识，如果你还没有改掉你的这个毛病，那就从现在开始改掉吧。身体力行地给员工以支持，将对你的团队大有裨益。

还有很多主管会从自己的处事原则出发，遇到员工不按自己想法执行的情况，就算员工已经完成了工作，也会怀疑员工是否已经完成到位。这种情况在你担任主管的过程中可能也会出现。

那么，你该如何定义自己的角色和作用呢？

你一定要明白，自己的职责并不在于如何塑造员工，而是要去帮助员工放大自身的能量，给员工开拓出能最大限度发挥个人才能的空间，而你只需在员工能力欠缺的方面去给予帮助和辅导。

德国德固萨化学公司的董事长费西特说："如果员工能为自己作决定，我不会帮他们作决定。"他表示，如果有员工跑来问"这样做可不可以"，他就会告诉员工："如果你们认为这样做是对的就去做，否则问都不要问。"

古人说"授人以鱼，不如授人以渔"，其实说的也是这个道理。

总之，要想成为一个好主管，你就必须学会如何"授人以渔"，而不是将员工当成"提线木偶"，对员工的工作胡乱指挥。否则，就可能会累坏自己又抱怨员工工作不尽力，却不知道造成这一切的祸首，其实恰恰是你自己。

收好你的热情，不要急于向员工给出你的建议

第一次当主管的你可能会碰到与员工就某个问题意见相左的时候，你会怎样做呢？你会从自身的经验和立足点出发，直指问题的本质，给出解决方案吗？

你有没有想过，如果员工本来就没有什么改变的动力，或者没有什么成长和进步的意愿，那么纵然你表现出强大的意愿去强迫他，也不会产生什么效果。就像你可以很轻易地把马牵到河边，却不能让一匹不想喝水的马喝水一样。

所以，在团队管理过程中，你一定要注意，不要试图主动帮员工作决定——尤其是在员工本就没有意愿的时候，帮他作决定只会适得其反，导致你不愿看到的结果出现。

只有当你收到员工的邀请——向你主动询问解决建议时，你才可以去

帮助他。因为唯有这个时候，员工的学习欲望才与你的指导欲望达成一致，指导才能起作用。可惜大多数员工不愿自动学习，或是在主管指导时明白了，不久后便忘了，甚至事后不予理会，依旧按照自己的老办法做事。

著名拳击教练艾迪·汤姆培育了许多世界级的选手。他通常会先问他的拳手一个问题："当对方如此进攻时，你该如何应付？"

对于艾迪·汤姆的问题，拳手会生出被尊重及对表达欲望的满足，认真思考后说出自己的见解，可能并不完全正确，但在艾迪·汤姆的不断发问、解答之后，拳手一般都会给出最接近正确答案的回答。此时，艾迪·汤姆才会说出自己的建议。

通过这样的"练习—思考"的方式，艾迪·汤姆的指导产生了最大的效力。

学习木工或雕刻也是一样，初学者通常会被告知："看着做吧！"在不断摸索、思考、学习之后，初次学习木工或雕刻的人也会学到真实的本领。

日本精神病学家森田正马博士生前创造了一套"森田疗法"，来疗愈精神病患者。其中有一种"卧褥疗法"，是让患者住在一间没有电视、收音机，甚至没有机会与他人交谈的单人病房里。

到了用餐时间，护理人员会一声不响地将餐点送进去，然后再一声不响地离开。除了睡觉之外，患者就有了极度安静、无聊的时间，便能全然沉浸在"自我"的领域中，对自己的烦恼、苦闷进行追根究底式的思考，甚至不得不承受辗转反侧的痛苦煎熬。经过这个过程之后，他们可能会“顿悟”，然后逐渐恢复平静的心情。

这样的一套“森田疗法”，对于第一次当主管的你来说，可能也是非常实用的——通过员工心理上的“饥饿感”，来实现帮助员工成长和学习的目的。

需要注意的是，在激发员工学习欲望的同时，你也需要克服自己第一次当主管的冲动，做一个不“好为人师”的主管。

总之，员工向你询问解决问题的建议时，可能只是需要你作出一个指引，然后由他自己思考合理的解决办法。

你千万要收好自己的热情，不要急于给出你的建议。因为只有当员工能扔掉你这根“拐杖”的时候，他才能走得更远，而且走出的每一步都能踩在实地上。

付出真实的情感，维系与员工的紧密关系

与所有员工打成一片，也许是第一次当主管的你梦寐以求的事情，因为这样可以让你的团队管理如鱼得水。然而，应该怎样去做到呢?

让我们再以《西游记》中的“唐僧团队”为例吧。不知道你发现了没有，在“取经”这个长期愿景下组建起来的这个团队，唐僧看似泥塑木胎、心如止水，其实却是一个必不可少的角色。他在一举一动中都体现出了对八戒的迁就、对悟空的依恋、对沙僧的关切，甚至对女儿国国主的忸怩作态，也是一副“看似无情却有情”的姿态。

唐僧几乎无时无刻不在分享着自己对徒弟们的爱，使得再顽劣的悟空也会在师父有难时拼命去营救，再懒惰的八戒也会为师父化斋取果，曾是“河霸”的沙僧则一直不离不弃，默默守护着唐僧。他们师徒四人一路降妖伏魔，共同前进，一次次化险为夷。

这也就是唐僧的魅力所在，他能用自己的真心、真情感化徒弟们的心，使自己融入徒弟们中间，形成了一个牢不可破的团队。

所以，上任伊始的你不仅要确立可以激励员工共同努力的“目标”，还要用你的“真情实感”来维系与员工的紧密关系。

你要懂得用愿景和目标联系员工的切身利益，也要让员工明白团队的重心所在和最新决策，让他们清楚自己与团队的目标、方向以及责任。

交流、分享会帮你获得更多经验、信息、资源，甚至是跨越领域鸿沟的人才，帮助你实现共同目标，获取共同利益。不管是团队中的哪个人成功了，都分享、庆祝他的成功，用每一个可以分享的成功，去凝聚整个团队的力量。

当然，“分享”并不是强制性的，每个员工都是独立的个体，拥有私人空间，这里所说的“分享”仅限于能推进工作，营造公正、公开、公平、愉快的工作氛围的“分享”，是为实现团队的共同目标与愿景服务的。

作为一家国际化的零售连锁集团企业，家乐福曾向员工推出过“利润分享计划”，意在激励员工努力工作，增强团队合作精神，提高员工对公司目标的使命感，创造更好的业绩。在每年的相对固定时间，家乐福会根据每一位员工的业绩完成情况，从利润中拿出一部分与员工分享。公司业绩完成得越多，员工拿到的奖金也就越多。

这种“利润分享计划”产生了很好的效果，成为家乐福与员工之间的一种特殊的沟通方式。这种沟通方式不同于传统团队中上下级、部门间的一对一或一对多的沟通，而是整个团队上下交叉的、无限制的沟通方式，形式上更加自由，也更加令人放松。

不向员工推销你的想法，要引导员工说出他的办法

第一次当主管的你走马上任后，可能会在员工向你问一些问题时觉得迷惑，甚至不明白问题到底发生在哪儿，最后如无头苍蝇四处乱撞。

这种时候，你就需要注意了，这个问题本就不是你的问题，相比于你帮他解决掉这个问题，更重要的是如何通过帮员工找方法，让他亲自解决问题。将未定事项当作既定事项来看待，或许是一个非常不错的解决问题的方法。

这个方法是先假设这个问题已经解决，这时候会发生什么样的情况，然后步步引导，最终解决问题。也就是说，当员工遇到问题的时候，你可以问他这样的问题：假设问题解决了，你会做些什么？

约翰是一位非常有才华的销售员，刚从竞争对手那里跳槽过来，担任销售经理一职。在所有的经历中，他还从未做过主管，却在培训期间表现

得非常优秀。尽管如此，等到他走马上任之后，问题还是发生了。

约翰第一次担当销售经理，不太清楚自己应该做什么，他决定先跟员工一起去拜访客户。可是当与客户会面时，约翰的表现更像是个销售员而不是销售经理。

他不仅主导与客户的会面，还在客户面前指责员工。回公司的路上，约翰想着要跟员工分享自己曾经的经历，于是长篇大论地讲述自己的那些成功案例。

几天之后，约翰的员工忍无可忍，去找销售总经理吉姆反映情况。

员工表示，他可以理解约翰的不适应，可是约翰这么做是对自己不信任，他不应该再用对待新人的方法来对待自己。对待同一个问题，吉姆听约翰说的却是另一个版本。

听完后，吉姆说："约翰，假设今天的工作结束后，你睡了一个好觉，醒来之后，员工管理上的所有问题都解决了，你会如何处理这件事呢？"

约翰："所有的员工都按照我说的去做。"

吉姆："慢点，约翰。这时候，你还没有起床，只是睁开了双眼，你不知道发生的奇迹是这个，你会做什么？"

约翰："在洗漱的时候我心情会更好，非常高兴地走进公司，跟我认识的人打招呼，然后开始处理邮件。"

吉姆："之后你打算做什么？"

约翰："我会在公司看看我还需要做什么，然后回到办公室用一个小时的时间来思考。"

吉姆："接下来呢？"

约翰："我发现，或许我可以换位思考，从员工的角度出发，发现自己过于强势。我得想想自己当员工时能接受的事情，我发现那时候的销售经理帮了我很多忙。"

吉姆："怎么帮忙的？"

约翰："他从不跟我说我该怎么做，只是问我工作、客户、计划这类问题，这很值得我效仿。我可以不再和他们一起去拜访客户，而是用这个时间来根据销售配额，为他们制订计划。"

吉姆："你还能做什么呢？"

约翰："我还可以多赞扬我的员工，提出他们可以接受的计划。"

吉姆："具体怎么做呢？"

约翰："我可以自己先拟定计划，然后咨询一位销售员，问问他哪些是有效的计划，哪些是可以改进的，哪些是不行的，怎样做他们更能接受这份计划。"

吉姆："就是这样，约翰！现在你已经知道你该去做什么了。"

从这个案例中可以看出，开始时约翰所说的"所有员工都按我说的做"是无法实现的。后来在吉姆的引导下不断思考，约翰终于知道了自己的问题出在了什么地方，也知道了第一次当主管应该做的事情。

所以，第一次当主管的你应该明白，在对于主管岗位职责的认识过程中，你要有足够的耐心。你要明确自己是帮助员工解决问题的，因此先要听取员工的想法，然后步步引导启发员工思考，去思考每一个细节，因为变化常常是从细节开始的。

你不用给员工提供你认为正确的做法，反而是引导员工自己说出改变的方式，让员工认为这些方法是他自己得出的结论才更有效。员工自己认同了，才会更有改变的可能。

就像著名社会工作学家史蒂夫·德·沙泽尔说的那样：“在解决问题时，关注那些已经产生作用的因素，以及来访者对生活有怎样的期望，才能使问题得到较为完善的解决，而不是紧紧抓住来访者的过去经历和问题的根源。”

指出员工的错误之前，先让错误晾一会儿

第一次当主管的你会如何处理员工犯错呢？

古罗马作家格利乌斯说："不当地纠正别人的错误，要比猛烈的谩骂更令人气愤。因为谩骂别人通常是被看作有偏见和敌意，而不当地纠正别人错误是一种强迫，是在往别人的伤口上撒盐，比偏见和敌意更加要不得。"

所以，对待员工的错误，你要注意以适当的方式处理，掌握好技巧，既不能不处理也不能乱处理。

当你不知道该如何处理的时候，还可以先把错误晾在一边，用"延期处理"的办法处理员工的错误。

卡耐基延期帮助侄女改正错误的故事，或许可以给你一些启发。

卡耐基的侄女约瑟芬·卡耐基到纽约给他做秘书的时候只有19岁，刚

刚从中学毕业三年，基本上是没有工作经验的。

一天，卡耐基正要因为约瑟芬的一些错误批评她时，忽然停下来对自己说："稍等一下，戴尔·卡耐基。你在年龄上比约瑟芬大两倍，在工作经验上多一万倍，怎么能期望她有你的观念、判断力、能动性，尽管在你看来也只是普普通通的能力呢？再稍等一下吧，戴尔，你在19岁时是干什么的？你还记得你犯下的那些愚蠢的错误吗？"

经过一番思考后，卡耐基认为约瑟芬的工作成绩也不是没有值得肯定的地方，还是再等一等，待想好了再去指出她的错误会比较好。

从此之后，每当想提醒约瑟芬注意错误的时候，卡耐基都会先等一等，然后再向约瑟芬指出她所犯的错误，并且语气上也很注意分寸，让约瑟芬觉得卡耐基没有过分注意她以前犯的错误，而是在关注她，于是欣然接受卡耐基的意见，主动改正自己的错误。

卡耐基认为，如果提醒约瑟芬改正错误的时机正好是她刚犯完错误时，就很可能会让她感觉自己是在针对她，会让她觉得很刺耳。

在提醒之前先将错误搁置一会儿，选择在她已经为错误行为感到愧疚时再提出来，就能让她愉快地接受提醒，并能改正错误了。

卡耐基的"让错误先晾着"的办法，确实收到了很好的效果。在卡耐基的悉心指导下，约瑟芬后来成长为卡耐基眼中的"西方国家最熟练的秘书之一"。

你是否已经从这则故事中得到了处理员工犯错的诀窍了呢？在团队管理中，创建宽恕的、有同情心的环境，能实现更好的管理。

管理学家对此有过专门的研究，结论是这种积极的上下级氛围的存在，确实是决定一个团队未来走向成功的重要因素。

工作需要极高的质量标准，也需要尽可能地避免错误，尽可能地一次就把事情做好，这也让很多主管认为，有必要在第一时间就指出员工的错误。

实际上，宽恕员工的错误或是在提醒、指责员工的错误之前先将错误搁置一会儿，与对工作的高标准、严要求并不冲突。

如果你能以宽恕的心态看待员工的错误，就不会在员工刚刚犯下错误时就立即火冒三丈、痛斥一番，或是冷言冷语地讥讽员工了。

玫琳凯在《谈人的管理》一书中写道："在意你批评别人的错误是否及时是不对的，而要在意错误发生后让犯错误的人先思考自己所犯的错误，过一段时间，其他人只需要轻声提醒就可以改正他的错误了。这也是我在严格遵守的一个原则。不管你犯什么错误，都必须要先让对方思考一会儿，等时机成熟后，再指出他所犯的错误，这样对方就会很容易接受。"

如果第一次当主管的你在员工犯错时就立即指出，员工是很难接受的，因为此时员工还没有完全认识到自己的错误。等意识到自己所犯下的错误时，他的心中就会产生愧疚感，选择在这个时候稍加指正，员工就会轻松接受并能及时改正了，完全不用你付出那么多精力去指导。

必要时，你要力排众议，树立你的权威

古话说：“三个臭皮匠，赛过诸葛亮。”对于第一次当主管的你来说，这句古话也许对你产生过深刻影响，甚至你也是这样认为的。

当你身为主管之后，面对着一个重大问题需要决策，而你的员工又与你看法相异时，你会怎样决策呢？

先让我们看看美国总统林肯的故事吧。林肯上任后不久，就召集了几个幕僚一起开会，向他们提出了一个思虑已久的问题，并提出了自己的方案。幕僚们纷纷发表出各自不同的意见，争论便热烈地出现了。

在幕僚们讨论的过程中，林肯仔细了解了他们的看法并进行了认真的比较，最终认定还是自己的方案最合理。

等所有的幕僚都陈述完毕，林肯坚持己见：“虽然这个提案只有我一个人赞成，但我仍要宣布，这个法案通过了。”

结果，法案得到了美国人民的响应和支持。

从表面上看，林肯当时的这种忽视多数人意见的做法似乎是有点独断专行了。然而，林肯在听幕僚们陈述的过程中，发现他们并没有认真地审阅那个法案，而是只要有一个人反对，其他人就跟着人云亦云，甚至是“为了反对而反对”——幕僚们不是从决策方案本身去考虑的，而是在附和别人的意见。

这个时候，林肯就选择了力排众议、坚持己见。所谓“讨论”，无非是从不同人的视角出发，寻找解决问题的方案，最后得出一个最合理的方案。既然自己是对的，那就没什么可犹豫的。从这个原因看，我们便能更好地理解林肯的做法了。

在团队管理中，同样也会出现这样的情况，第一次当主管的你的决断力以及面对问题的态度，将对你的团队产生深刻影响。

在这个过程中，你可能会受到员工的一些影响，尽管这种群体决策的方式不一定会取得比个体决策更好的效果，可能会使个体为了服从群体意见而选择放弃，甚至你的意见本来就是正确的。

无论你作出了什么样的决策，都将关系着整个团队的命运。越是在这样的时候，你就越希望得到整个团队的支持，所以当某个员工提出反对意见的时候，你就会不可避免地受到他的影响，否定自己。

然而，作为团队的主管和主要负责人，很多时候是必须由你作出决策并监督执行的。这就要求你必须摆脱群体的影响，跳出“从众心理”的束缚，在审核、确认决策正确之后，坚定无疑地贯彻执行。

须知，你的态度越坚定、决策越到位，越能促使员工去忠诚地执行。这就要求你在决策前要尽可能地收集各种信息，运用理性的方法和你的创意做出最恰当的方案来。一旦作出了决策，你就要认真负责，出了问题也要及时站出来承担责任。

就像美国前总统威尔逊所说的那样，当他多年前得到了人生中的第一份工作时，他就在心里默默决定，一定要在一段时间里打开心门，去倾听每个人提出的意见和建议。当需要自己作决定的时候，他就会关上自己的心门，思考之后尽快作出决定，无论它是对是错，都不要紧，因为他会在适当的时机改善它。

所以，在必要的时候，你也需要用这种“力排众议”的方式来决策你所遇到的问题，争取有更多的人与你一起去解决问题，实现共同目标。

做他人不敢做的事情

菲律宾首富、有着“零售业之王”美誉的施至成，曾做过一次极富勇气的事情。1986年，当时的菲律宾仍处于动荡不安之中，但施至成敏锐地预测到，在菲律宾持续了20年的军事管制即将结束，人民的生活水平将迎来较大的提高。尽管此时的菲律宾几乎吸引不到外国投资，国内投资也少得可怜。

施至成于是斥资数百万美元，在首都马尼拉采购了大片土地，建起了一个个鞋庄商城，建造了菲律宾最大的卖场。对于施至成的举动，看不懂的媒体和他的员工报以不绝于耳的批评声，认为他这是“疯了”。

但是，施至成仍然义无反顾地走下去。他说：“我从自家店铺的收入中发现，其实人们还是挺有钱的，那么你说我该听谁的——是自家店铺的收入数字，还是别人的看法？”就这样，施至成建立起了自己的商业帝国。

无独有偶，星巴克的创始人霍华德·舒尔茨，也是一个很富有冒险精神的人。在星巴克准备进军国际市场时，就曾有专家提醒他，星巴克只占美国国内市场10%的市场份额，所以不应当把它推向国际市场。舒尔茨却不这样认为，终于成功地把星巴克推向了国际市场。

后来，在谈起这段历史时，舒尔茨说："在我们的字典里，没有'饱和'这个词，我们在中国就获得了巨大的成功。"

从施至成的故事和星巴克的国际化发展中，第一次当主管的你应当看到，一个团队的发展往往是与其主管有着密切关系的。

所以，曾领导英国赢得第二次世界大战胜利的温斯顿·丘吉尔认为，"勇气是人类第一优先的品德，因为勇气保障其他所有的品德"。

风险总是与机遇并存的，怕风险就很难抓住机遇。既有勇气去冒险又有能力承担失败，是优秀主管的一种特质。

对于这些人来说，他们身上所具有的"冒险"精神，是将他们与其他人区别开来的一项显著特征，因为并不是所有人都有勇气，以非同寻常的行动去赢得胜利。他们在面对困难、恐惧时，会表现出无与伦比、谁与争锋的强健魄力和光辉的人格魅力。

冒险精神也让他们更敢于坚持自己的判断。他们会在别人还在为他们的决定、举动感到诧异或极力反对时，去做他人不敢做的事情，赢得市场先机。

2010年，史蒂夫·乔布斯向公众展示了iPad，宣告苹果公司进入平板电脑市场。

此前有许多企业试图进入这个市场，均以失败告终，所以《华尔街日报》称苹果公司推出这款产品是“一场豪赌”。

当时的很多分析师也认为，消费者并没有准备好接受平板电脑，或者说平板电脑根本无法满足大多数用户的期望和需求，更多的人则认为平板电脑只适用于阅读，亚马逊的Kindle阅读器已经做得很好了，所以iPad将不得不接受与Kindle的市场竞争。

乔布斯有不同的看法，在别人的质疑声中继续开拓iPad市场，使这款平板电脑成为极受欢迎的产品。乔布斯获得了最终的胜利。

所以，如果你恰巧也拥有了一些“冒险”精神，并且懂得如何去实现目标的话，你将受到员工的尊重和拥护，因为员工通常都会渴望这样的主管带领自己、带领团队向前走。

需要注意的是，员工渴望有勇气、有担当的“精神领袖”并不意味着你凭着一时的头脑膨胀、发热，就可以随意去冒险。

一个优秀的主管，往往会在表现出丰富的“冒险精神”的同时，还兼具缜密的思维。

教会员工如何言简意赅地向你作汇报

掌控具体业务的进度是主管的一项职责，第一次当主管的你需要经常听取员工的汇报。但是，员工到底应该如何汇报呢？

员工每天都可能需要处理很多细碎的问题，如果把全部内容都向你汇报的话，那你每天的工作就只能处理员工交给你的那些杂乱无章的信息了。

丘吉尔认为，人们之间的沟通一定要简洁明了，长篇大论的泛泛之谈只会让人心生厌烦。所以，员工如何汇报这个问题，不仅你自己需要明确，也需要你明确地传达给员工，让他们交给你的是一些经过梳理的东西。你可以向员工介绍宝洁公司“一页备忘录”的故事，让员工明白汇报的重要性。

在这个“一页备忘录”出现之前，宝洁公司的CEO理查德·德普雷曾接收到员工递交的一份厚厚的备忘录，详细介绍了该员工对一些问题的处理意见。

没想到，理查德·德普雷翻都没翻，而是非常生气地在备忘录第一页写道："把它简化成我所需要的东西！"然后将备忘录原路退回。

还有一次，理查德·德普雷收到了一份非常复杂的报告，于是他在最后一页批示："我不理解复杂的问题，我只理解简单明了的！"

于是，宝洁就形成了简单的风格，坚持只用一页便笺进行书面汇报。宝洁要求员工要不遗余力地将报告提炼浓缩到一页，能让领导搞清问题、搞透事情才是最主要的，长篇大论毫无必要。

对此，理查德·德普雷这样解释："我工作的一部分，就是教会他人如何把一个复杂的问题，简化为一系列简单的问题。只有这样，我们才能更好地进行下面的工作。"

宝洁公司的继任CEO爱德华·哈尼斯在谈到这个传统时说："从意见中选择出事实的一页报告，正是宝洁公司作决策的基础。"

后来，为了贯彻"一页备忘录"原则，备忘录写作甚至被宝洁当作一种专门课程，列入员工培训的课程体系中。通过不断地写作备忘录，宝洁训练员工更加周密地思考问题，进行更有效的沟通。

第一次当主管的你是否已经了解"一页备忘录"的神奇之处了呢？如果你也能施行这种原则，至少能使员工言简意赅地向你汇报工作，你的工作效率也将提高不少。

简洁有效的沟通，还需要你通过专门的训练来实现：简明扼要地说明任务的性质；告知员工去做什么以及如何做；鼓励圆满完成任务的员工；与员工建立和谐的关系；与员工一起探讨问题，听取他们的意见，了解他们的情感；有效地委托职责，以便了解员工可能提出的问题。

如果你与员工之间是通过即时通信工具或电子邮件进行沟通的，那么频繁的邮件沟通中，这种言简意赅的原则也非常适用，以方便收件人阅读为最佳。

减轻收件人的阅读压力，也是在帮助他提高工作效率。

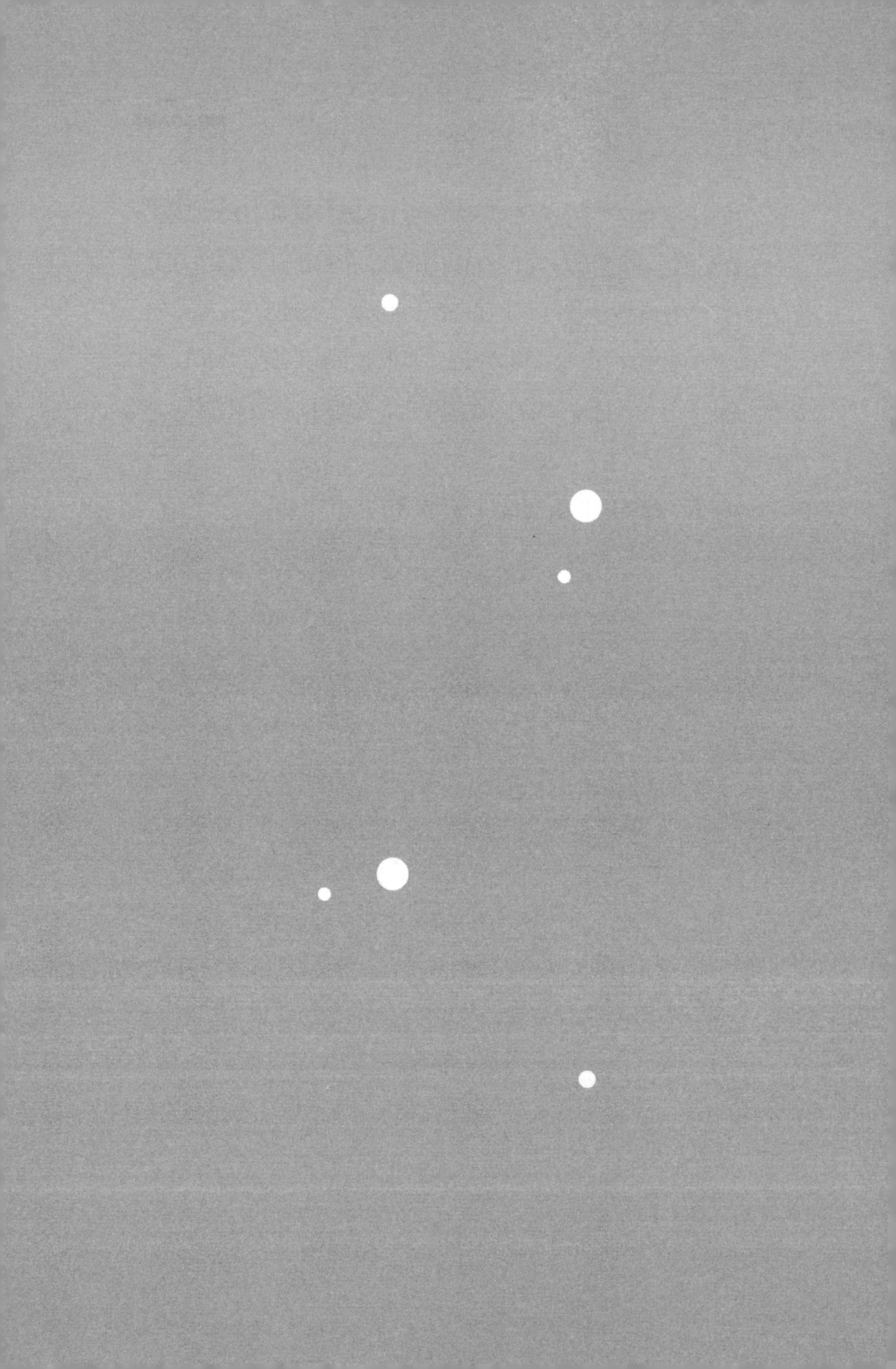

第三章

目标：分解、执行和落实

把大目标分解成小目标，从做好一个个小目标开始

如果上任伊始就要去负责一个长期、庞大的项目，第一次当主管的你肯定会感觉压力巨大。

针对如此庞大的项目所做的一揽子决策方案，可能很难得到落实、执行，即便得到落实、执行，也极易出现偏差，带来巨大的损失。更何况，一般人作出重大决策后，会一直坚持自己的选择，即便他的决策已经被证明是错的了，也不会甘心放弃。

由此，“惯性”也就产生了——你朝一个方向使的劲越大，就越难改变方向。

所以，我们应该把大目标分解成小目标——小目标不会造成大麻烦，即使出现了麻烦，也能及时作出调整、改变。

即使最终搞砸了，你也不会因此付出特别惨痛的代价，只需要局部修

复一下就可以了。

小目标并不代表要与大目标、大计划绝缘，它只意味着，一个人把想要实现的大目标变成一个个小目标，从做好一个个小目标开始。

越小的任务越容易预估结果。把大目标分解成小目标，就能保证你即使出现决策失误，也肯定不会像预测大目标那样离谱。

极地探险家本·桑德斯曾说起他在北极独自探险的故事。要在72天里行进相当于31个马拉松的距离，让他一度感到不寒而栗。

于是，他化整为零，将整个计划分解成一个个小任务，让自己每天都只“向前方的冰面再行进几十英尺”，而很少去树立比这个小目标再大的目标了，结果他真的完成了最初设定的计划。

也就是说，把你的计时范围拆分成小块，把一个长达12周的整体项目，分解成12个平均耗时1周的小项目，然后一步一个脚印地努力前进，分阶段完成，就能实现最初的计划。

对于第一次当主管的你来说，将一些大计划分解成小目标，能让你进行较好的时间管理，甚至可以省去一些因沟通不畅产生的误解。

作为管理者，你可以按照制定好的小目标时间表，督促参与者的进度，并在不断完成小目标的过程中，让参与者更快享受到一定的成就感。

可以说，易于实现的目标就是最好的目标，它能让你真正完成目标并有所建树。当这些小任务、小目标完成的时候，你就可以自信地说：“我们干得不错，搞定了！”而后，你就可以去实现下一个小目标了。对于你和你的团队成员来说，与那些看起来虚幻的梦想相比，这样的小胜利或许更能给你们带来强烈的满足感。

这个理论同样适用于其他问题。比如，你碰到一个大问题，一时不知怎么办才好，那你就可以把问题进行分解，不断地分解下去，直到分解到你能解决它为止。

这是一个解决问题的切实、有效的方法。

作一个迅速简单的决断，行不通了再回头修改

第一次当主管的你的任何决定，可能都是暂时的，但是一旦拿定了主意，就应该立即着手干起来。

无数事实告诉我们，真正重要的是开头，它无关乎什么样的决策，只要下定决心，就要坚决地去执行！

经常能听到一些人这样说："我对××那样的网络搜索早有创想，可惜当初没有下手，否则我现在也是个亿万富翁了！"

这个逻辑听上去有些道理，实际上却说不通——你头脑中的创意和你实际去创建一个××那样的公司，其实一点关系都没有。因为在你的人生中，真正有意义的是你做了什么，而不是你想过什么、说过什么或者计划过什么。

CD Baby公司的总裁Derek Sivers对此种观点非常赞同，他说："对我

而言，如果不去执行的话，点子就是一无用处的。它们只是倍数，执行才是价值万金的。”

在他看来，

· 糟糕点子的价值=–1

· 脆弱点子的价值=1

· 普通点子的价值=5

· 优秀点子的价值=10

· 伟大点子的价值=15

· 超闪亮点子的价值=20

如果仅有点子没有执行，那就只能存在于头脑中，不会变成现实。所以他认为，

· 没有执行的价值=1

· 柔弱执行的价值=1 000

· 普通执行的价值=10 000

· 优秀执行的价值=100 000

· 伟大执行的价值=1 000 000

· 超强执行的价值=10 000 000

要想成就一番事业，你就得将前后两个假设中的任意两项相乘，产值最大的，无疑是超闪亮点子得到超强执行，创造出200 000 000的巨大产值。

所以，他才说：“那就是为什么我不爱听他人的点子，只有看到它被确定执行下去了，我才会产生兴趣。”

“剧情捕手”斯坦利·库布里克曾这样激励电影制片人：“找个摄像机和一些胶片吧，随便拍个什么样的片子出来都成。”

库布里克明白，刚开始一项工作时，你必须开始创造自己的东西，最重要的事情就是“起而行之”。所以，他才激励制片人——拿起摄像机和一些胶片，开始拍摄。

马云也认为，中国人创业关键不在于有出色的想法、理念或梦想，而在于是否愿意为此付出一切代价，全力以赴地去做它，证明它是对的。他说：“创业不能停留在理念与幻想上。idea可以有无数个，action只能有一个。”

也就是说，不管前面的路是怎样的，开始干的时候才是成功的开端。

面对激烈的市场竞争，员工的执行力决定着团队的兴衰，也决定着团队能否顺利实现既定的目标和计划。强大的执行力本就是团队的核心竞争力。

对于点子与执行之间的关系，马云曾与孙正义有过一番探讨：一流的点子加上三流的执行力，与三流的点子加上一流的执行力，哪一个更重要？结果两人得出一致的答案——后者远比前者更加重要。

很多人可能会有疑问：如果你搞砸了，作了一个错误的决定怎么办？

对于此，我们可以用软件开发的过程举例：在开发过程中，你总是需要不时回过头去调整这个软件的功能及想法。不管你的计划多周密，总会有一半左右的东西是无法做好的。

所以，不要做“到死都要调查分析”的傻事，那样只会放慢进度，消磨人的热情和意志。如果能以“朝前看、向前走”为重，跟得上“点子”的节拍，作一个迅速简单的决断，行不通了再回头修改，就能获得你想要的结果。

日本人片山修在他的《本田兵法》一书中也提出：要在需要的地方生产，从小起步迈向大发展，不要苦思冥想，重要的是马上动手去做。

可是，商业世界中到处充斥着没人读的报告、没人看的图表、无法完成的细则……各种无用的文件，除了浪费人们的时间外，一点意义也没有。当初做这些东西的时候是颇费工夫的，可人们一回头就会把它给忘掉了。

所以，第一次当主管的你想要说明某事，不妨就务实一点，不去描述它长什么样子，而是直接画出来；也不要解释它的声音如何，索性就直接哼出来。总之，要尽一切可能去掉那些抽象的、不能让人一下子就明白的东西。

负责设计阿拉斯加航空公司的团队在设计新机场时，并没有依靠蓝图和草图，而是在一个仓库里建起了实体模型，用厚纸板做成了围墙、机楼、跑道，然后在安克雷奇市建起了一个小型的机场原型，雇用职员、接待乘客，以此来测试系统的性能。就是用这种现实测试的方式，设计团队减少了项目投产的等待时间，提高了生产效率。

大名鼎鼎的家具制造师山姆·马洛夫觉得，设计图纸无法表现出一把椅子或凳子所包含的全部复杂而精妙的细节。因此，“很多时候我都不知道某个部分到底该怎么做，除非我拿上一把凿子、锉刀，或者随便什么合适的工具，开始动手做。”

就像山姆·马洛夫说的，“拿出凿子、锉刀，或者随便什么合适的工具，开始动手做”，或许这就是第一次当主管的你上任伊始最应该走的路、最应该干的事。除此之外，都是让你分心的事情。

不要在刚刚开始时，就在不太重要的事情上浪费时间

瑞士表以精工细作闻名于世并经久不衰，其每一个部件的尺寸及重量都要经过严格的测验与考核。复杂、神秘的古埃及金字塔的建造，巨石之间的绝妙吻合程度让人叹为观止。

无论是瑞士表还是古埃及的金字塔，都体现着制造者的专业与敬业，体现着制造者对细节上的持续关注。可以说，关注细节是敬业精神的一种表现。

西方有一句谚语：“魔鬼在细节中。”中国古代思想家老子说：“天下大事，必作于细。”《细节决定成败》的作者汪中求也说，生活的一切原本都是由细节构成的，如果一切都归于有序，决定成败的必将是微若沙砾的细节，细节的竞争才是最终和最高的竞争层面。

然而，对于第一次当主管的你来说，过早关注细节却是一件有害的事情。就像建筑师从来不会过早操心浴室要铺什么样的瓷砖、厨房要安什么

牌子的洗碗机一样，这些都是在平面图确定了以后才需要考虑的事。

你也应该用同样的方式来处理自己的想法。尽管关注细节会导致执行结果上出现一些差异，但过早纠结于细节会引来异议、犹豫以及拖延，导致你不得不在一些不太重要的环节上浪费时间。

比如，一些主管可能会带领员工反复修改某个方案，结果用掉两三个小时，去纠结标点符号的规范使用，或是纠结某个修饰语的准确性……

沃尔特·斯坦奇菲尔德是迪士尼工作室的一位著名绘画师，他曾鼓励团队中的漫画师们在一开始时就“忘掉细节”。他认为，在设计初期，关注细节不会带来任何好处。

在一项工作面前，你完全可以这样去做：开始规划时，用大号粗体白板笔而不是圆珠笔把想法大致描绘下来。

为什么呢？

因为圆珠笔太完美了，分辨率太高了，会让你不自觉地去关注那些还不需要关注的东西，比如如何美化底纹、用虚线还是用实线，等等。用白板笔就不能进行这种深入的描绘——你只能用它来画形状、线条、方框。

这就够了，因为你在起步阶段要操心的是全局。这就是为什么说，从一开始就过于关注细节会影响你的执行力，是因为那样会让你把注意力更多放在次要的事情上。

事实上，只有在真正开始后，你才能清楚到底需要哪些细节，哪些才是最重要的，需要在哪些方面上花费更多时间，以及需要补充哪些细节，等等。所有这些，都是你应该全心注意的事情。

不把时间浪费在还没有成为问题的事情上

谁也不知道我们的未来会怎样。就像广受大家喜爱的英国著名喜剧演员“憨豆”先生，谁会想到他竟然是位毕业于牛津大学机电工程专业的硕士？

尽管“憨豆”先生在牛津大学期间加入了实验话剧俱乐部，并成为俱乐部中的活跃分子，还曾在1976年的“爱丁堡边缘艺术节”上崭露头角，但当他毕业后便直接进入娱乐圈，干起了与所学专业毫不相干的职业时，有谁曾担心过他日后的职业发展？

尽管他并没有像他的两位哥哥那样——一位成了名冠欧洲的著名经济学家，另一位成了英国独立党的前领导人——却因为喜剧表演，成为英国的“国宝”，在世界上的声誉甚至超过了两位哥哥。

“憨豆”先生的经历告诉我们：计划并不只是猜测——它是有害的猜

测，因为它会浪费时间。

第一次当主管的你若是上任伊始便制订了远大宏伟的计划，那么你将不得不在完成这个计划前的所有时间里，都为你的明天感到担忧，而不是只担心你的“最后期限”。

中国有个古老的故事，叫作“杞人忧天”。据说从前杞国有个胆子很小的人，经常会想一些奇怪的问题。

有一天，他吃过晚饭后就拿了一把大蒲扇，坐在门前乘凉，还自言自语地说：“假如有一天，天塌了下来，那该怎么办呢？我们岂不是无路可逃，将被活活地压死？这不就太冤枉了吗？”

从此以后，他几乎每天都为这个问题发愁、烦恼。朋友们见他终日精神恍惚、脸色憔悴，都很替他担心。

后来，大家知道了原因，都跑来劝他说：“老兄啊，你何必为这件事自寻烦恼呢？天怎么会塌下来呢？再说即使真的塌下来，那也不是你一个人忧虑发愁就可以解决的啊，你还是想开一点吧！”

可是，无论朋友们怎么劝说，他都不相信，仍然时常为这个问题感到担忧。

现实中的我们又何尝不是如此呢？整天在嘴里叨念着、在心里琢磨着：“如果这件事发生了怎么办？”“我们是不是该为某事计划一下？”就这样整天为还没发生的事情自寻烦恼。

要知道，还没有真正出现的问题，全都不是问题。再说，你所担心的事情里，大多数都不一定会真的发生。

所以，千万不要把时间全都浪费在还没有成为问题的“问题”上。

你可以问问自己，真的需要考虑可能两年以后才会发生的事情吗？你能保证你今天作出的决定一定不会变吗？

无数事实告诉我们，环境的变化会影响着决策随之改变，任何一项决策都可能是临时性的，最为重要的仍然在于能否把握现在。把握好现在，未来的事情就留到以后去操心好了。

如果现在就把大把的时间、精力等资源全都浪费在毫无凭据的胡猜瞎想上，那又与整天担心天会塌下来的杞人有什么区别呢？

先认认真真地做好当下的事情

37 signals是一家总部位于美国芝加哥的私人网络应用公司，十几年来一直很活跃。但你们知道他们操心多久以后的事吗？两周。

混乱的时候，他们就考虑两个月的问题——他们完全不在意明年会怎么样，因为明年对他们今天所做的事情影响甚微。

并不是所有的伟大公司都采取这样的管理策略，曾经的手机霸主诺基亚，就是一个著名的反例。

20世纪90年代末期，诺基亚开始雄霸当时的手机市场，曾对移动市场的未来进行过一番预测。它斥资百万做调研，发明了高度类似于当今智能机的触屏设备。

《华尔街日报》的一篇报道很好地描述了导致诺基亚命途多舛的决策程序。它从诺基亚的准备工作开始，描述了多种被研究过的设备。

在苹果推出iPhone之前七年多的时候，诺基亚团队就曾展示过一款只有一个按键的彩色触屏手机。

诺基亚还偷偷研发过另一款应用了无线连接和触屏技术的产品，从中完全可以看出如今热销的苹果iPad系列的模样。

可惜的是，拥有绝妙原型与把它成功销售给消费者，完全是两码事。处理好这两者之间的关系，需要的是管理者具备足够精准的远见，而这恰恰是诺基亚当时的管理者所缺少的。

这也就决定了诺基亚后来的发展走向。

在遭遇手机业务的“滑铁卢”后，诺基亚开发了一类十分吸引用户的产品，但终究没能得到市场的认可。

在一系列战略失误之后，诺基亚将研发重心从智能手机拉回到基本款手机领域，而同时期的iPhone则已在全球范围内成了抢手货。

结果，诺基亚失去了价值约60亿的至少两组操作系统和一个专利权，最终不得不在2013年9月将手机业务部门全盘出售。

这是非常值得第一次当主管的你认真借鉴的案例。认认真真做好当下的事是非常重要的，不论你有多么远大的理想，都需要一点点地去实现，无论多大的工程，也都要从一砖一瓦开始。

所以，你一定要记住一句话：“首先要做的，不是去看远方模糊的目标，而是要做手边最具体的事情。”

任何时候，都要主动找方法解决问题

第一次当主管的你在头脑中出现一个想法后，会用多长时间去实现它呢？也许你想立刻就去做，可是你想过没有，是否还有其他选择呢？

管理大师彼得·德鲁克认为，当前社会不是一场技术战，也不是软件的速度革命，而是一场观念上的革命。在这样的时代背景下，一个好思路将是团队管理中的无穷财富。

所以，产生一个想法后先不要急着付诸行动，过一个星期，当初那些嗡嗡的噪音可能已经渐渐平息了，这个时候，如果它看起来仍然是一个很好的想法，那就坚决去执行。这一个星期的时间，足以供你进行深入的思考。

思考是一切策略与方法的起源，同时又是一个不断去问去答的过程。

当你做的事情没有达到目标时，你可以问自己为什么，是不是哪里出了问题，然后试着找出答案。

一个好的答案，就是一条通往成功的康庄大道，而成功者与普通人之间的最大区别就在于，他们在思考模式上存在着根本的差异。

在偏远的山区，有两个青年一同开山，一个人把开采出的石块加工成小石子，作为建筑材料卖给建房的人；另一个人则直接把开采出的大石块当作工艺品卖给花鸟商人。两年后，把石头整块卖给花鸟商人的青年，成为村里第一个盖起瓦房的人。

后来，政府不许开山，这里变成了果园。等到秋天，这里的美味可口的香梨招来了八方客商。

就在村里人把给他们带来幸福生活的香梨当成宝贝时，曾经把石头当工艺品卖的那个人却砍掉自家的果树，开始种柳，因为他发现来这里的客商不愁买不到好梨，却愁买不到盛梨的筐。

四年后，这个人成为村里第一个在城里买房的人。

再后来，一条铁路从村子里穿过，村里的年轻人都乘着火车到大城市打工，种柳的这个人却没有离开，而是在地头上砌了一座百米长两米高的墙，面对着铁路。

没过多久，墙上就多了“百事可乐”四个大字，成为方圆百里山川中唯一可以看到的广告。因为这堵墙，这个人每年都有6万元的收入。

20世纪90年代，日本丰田公司亚洲代表山田信一来华考察，当他坐火车路过这个小山村听到这个故事时，深为这个年轻人的商业思路所震惊，当即决定下车寻找这个人。

当山田信一找到这个人时，他正在自己的店门口跟对门的店主吵架，因为当他店里的一件货物标价100元时，对门的同样货物就标价90元。当他标价90元时，对门就标价80元。结果一个月下来，他仅仅卖出1000元的货物，对门却卖出了10000元的货物。

山田信一看到这种情形，以为自己是被讲故事的人骗了，但当山田信一得知这两个店的店主都是这个人时，当即决定以百万年薪聘请他。

可见，成功并不代表你非得付出多少努力，有时候只是因为一个好点子、一个巧方法。正如美国福特汽车公司总裁艾柯卡所说的：在任何时候，主动找方法的人，是最容易脱颖而出的人。

所以，第一次当主管的你应当去关注那些懂得主动找方法解决问题的员工，他们才是最能实现目标、走向成功的人。

有些东西拖得越久，越难完成

第一次当主管的你可能会发现，在一个时期内，尽管整个团队都是很忙碌的样子，但某个项目就是久久不能完成，导致工作效率降低。造成这种状况的原因，也许就是“拖延”。因为有些东西拖得越久，越难完成。

你需要创造一定的“势”，来推动团队完成任务和目标的进度，因为良好的发展态势能让你们坚持下去，驱动你和团体成员成长。一旦丧失了“势”，团队将丧失发展的源动力。团队共同完成一项任务后，要紧接着去进行下一项任务，可以让这种“势”不断积累。

没有人愿意被困在一个看不到尽头的任务中。如果一个项目需要进行9个月，且最终可能毫无成就可言，那么人们的全部精力和激情会在漫长的时间里被消耗殆尽。

如果想既完成原定的任务又尽量保持人们的精力和激情，该怎么办呢？学会将大目标分解成小目标，将漫长的时间段分解成一个个小部分，并且在一个小时间段内只完成一个小目标，可能是个不错的办法。

比如，把一个12周的项目看成是12个一周的项目。又如，一个要花费30个小时才能完成的任务，可以根据现实情况，分成几个6~10个小时就可以完成的小项目，然后一个阶段一个阶段地去执行、去完成。

这样，本来很繁杂的工作，立刻就会变得简单了许多，且每天都能收到成果和进步。要知道，哪怕是微小的进步也能让你的团队成员士气大振。

在这个过程中，如果你能每周抽出一天时间来为取得的阶段性小胜利庆祝一下的话，就更能激发出人们的激情。

能时时看得见的小胜利能让你的团队成员欢欣鼓舞。如果能隔两周便宣布一下新成果，就能起到既鼓舞团队干劲又让客户关注的双重效果。

每个人的情绪、态度、能力都是可能导致拖延的因素，那么应该如何合理安排时间，解决“拖延”对工作的影响呢？

《战胜拖延症》一书的作者皮切尔博士认为，要强调“开始”的意义。对于一个项目，重要的是你要勇于开始，因为当你开始了之后，你会发现做起来其实并没有想象中的那么难。

如果你能产生这种感觉，那么它会随着工作的持续推进而叠加，形成良性循环。

开始做，就是一次很大的突破。

尽量保持简单、具体而不是总想着“我要把这个做完”“我一定要把这个做好”，只是去想“我要开始做这个事情了”就能取得很好的效果。

它能缓解你和团队成员心中的厌恶和拖延情绪，保证项目能如期完成。

把“决策”和“执行”分开。决策的过程要慢，要慢慢地思考、谨慎地思考，执行的过程则一定要快，因为一旦决策完成了，也就不需要再去思考合理性的问题，只需对自己做过的决定有信心，认真执行就可以了。

总之，做任何事情，只要是在决策完成后，做了就比不做好。

如果你是个完美主义者，总是得等到“准备好了”才行动，那你就很可能会成为“一直心动，却无行动”的“拖延大王”。

如果“拿到任务，立刻去做”，而不是等“准备好了”才行动，你和团队成员就能获得更大的成就。

与其超负荷运转而疲累不堪，不如重新寻找新的解决办法

对于很多人来说，“放弃”是一个非常消极的字眼，意味着对困难的妥协，是不得不接受的失败。

然而，很多时候，“知难而退”其实是一种更为明智、实在的方法。

所以，在这个非常讲究效率的时代，“放弃”将是必须要学会的一样本事。对于第一次当主管的你来说，学会“放弃”也是一门必修课。

比如，你觉得某个项目可以在2个小时内完成，可是4个小时过去了，你才完成了全部任务的1/4。这个时候，你会怎么想呢？

是按照本能想的“我已经在这上面花了4小时了，所以决不放弃”，继续在“搞定”它的漫长道路上前行呢，还是果断放弃，至少是放弃你目前的问题解决思路和方法，换一种角度和方法重新做这个项目？

前一种选择，可能会让你进入一种“英雄”模式，甚至可能会让你超

负荷运转，让你感觉疲累不堪，因为它是一种“赌命”模式；后一种选择则可能让你看到新的可能，找到更快捷的解决问题的办法。

有这么一则寓言：

老鼠钻到牛角尖里去了，它跑不出来，却还拼命往里钻。

牛角对它说：“朋友，请退出去，你越往里钻，路越狭窄了。”

老鼠生气地说：“哼！我是百折不回的英雄，只能前进，决不后退的！”

“可是你的路走错了啊！”

“谢谢你，”老鼠还是坚持自己的意见，“我一生从来就是钻洞过日子的，怎么会错呢？”

不久，这位“英雄”便活活地闷死在牛角尖里了。

“钻牛角尖”常被人们用来形容那些遇事思维僵化、办事不知变通，只认定一个想法、一条道走到黑，不到山穷水尽决不罢休的人，也是对选择前一种做法的人的形象描述。对于这样的人来说，越是往牛角尖上钻，转圜的空间就越小，就越难找到出路。

要想摆脱这种状况，就应该努力朝着相反的方向前进。既然钻牛角尖是做事只从一个角度出发，那克服的办法就是多角度思维，培养自己多元化思考的习惯。

这就要打破自己的思维定式，让僵化的脑筋能多转几个弯，而不是总局限在固定模式中走不出来，也不要固执于以个人能力暂时解决不了的问题。

学会了变通，就可以随时调节自己的心态，随时调整自己做事的方向和步骤，做起事来就能事半功倍了。

如果你只是埋头干自己认为应该干的事情，很简单，但想抬起头来问问自己为什么要这么做，则会难得多。

为什么要这么做？我是在解决什么问题？这真的有用吗？我增加的东西有价值吗？这种方案真的更简单吗？还有其他更值得做的事情吗？这样做值吗？

如果问过了这些问题后，你的答案是否定的或主要是否定的，还是及时终止吧，因为你可能是在浪费时间，在做“无用功”。所以，在处理种种问题时，“适时退出”可能是个好办法。

如果你已经在不值得做的事情上浪费了很多时间，并且已经意识到了自己的问题，那就赶快走开吧。

对你来说，最糟糕的事情，莫过于继续在错误的方向上浪费时间。

再急的事情，也要慢慢做才能做好

在工作中，很多人都希望越快越好，但古人却说“事有先后，用有缓急”。当有一天，第一次当主管的你发现工作中的所有事情都一下子涌到面前时，你要懂得如何去高效处理这些问题。

首先，在这些大大小小的事情面前，要做的就是要冷静下来，理智分析它们的轻重缓急。分清楚其中哪些是重要的，哪些是不太重要的，哪些是必须马上完成的，哪些是可以暂缓实现的，然后区别对待。

做事时分得清轻重缓急，你就能用最短的时间做好最有价值的工作，处理好你所面对的局面。

平时做事时能分得清轻重缓急，会让你在完成整个工作任务时提纲挈领，不会因为在小事上浪费太多时间而耽误了整个事情的进程。这样能提高你的工作效率。

能在最短的时间内高效地完成工作，不管是对团队还是对个人，都是非常有益的。

你是否注意到，当你要求别人做什么事情都“越快越好”时，也就是说你觉得每件事都是需要优先解决的。

那么，在你这里，是否还有什么事情是更为紧急的吗?

《论语·子路》里说“欲速则不达”，意思是说，主观性急图快的人，往往会违背客观规律，反而达不到最初的目的。

因此，对于非常急切地想要某种成就的你来说，俞敏洪的建议——“急事慢做”，可能会更有意义。

俞敏洪说：“急事慢做，是指再急的事也要慢慢做才能做好……这里所说的‘急事’，是指那些我们主观上想要尽快完成，实际上却需要巨大耐心和长时间的努力才能完成的事情。”

中国古代先哲也早有论断。无论是荀子所说的“人有快则法度坏”，还是老子所说的“不知常，妄作，凶”，都是在讲肆意的“快”，会破坏秩序，招致恶果。

当你认为每件事都很重要时，实际却不是那样的。

你可以静下心来想一想，如果这项任务没有马上完成，会有人因此死掉吗？会有人因为这件事的拖延而失业吗？会由于这项工作晚几天完成，就让团队损失一大笔钱吗?

如果你得到的答案都是否定的，那么就不要给它贴上“重要”的标签。如果你一直这样做的话，只会是在人为地给团队制造压力，加重员工的精神负担，影响他们的工作热情和积极性，甚至会导致更糟的后果。

所以，对于第一次当主管的你来说，不到真正有急事的时候，就要慎用你下达紧急命令的权力。如果因为稍有拖延、迟缓事态就会有巨大的变化或产生严重的损失，这时候再用你的权力去紧急制止就可以了。

清代学者钱泳说：“银钱一物，原不可少，亦不可多。多则难于运用，少则难于进取。盖运用要萦心，进取亦要萦心，从此一生劳碌，日夜不安，而人亦随之衰惫。须要不多不少，又能知足撙节以经理之，则绰绰然有余裕矣。”

做人如此，做事亦是如此，当一个优秀主管更需如此。若是你能在做事时张弛有度，便能把事情做得更加完美。

会议是世界上最可恨的“打扰”

第一次当主管的你会开没完没了的会议，来耗损员工的时间吗？你能否意识到，其实开会也是在耗损你自己的时间？它会让你毫无效率可言。

美国作家哈里 · G. 法兰克福在《论扯淡》中也表达了相似的观点：“当生活中充满显而易见的假话、大话的时候，说的人不在意，各种有价值的话会被消磨掉……”

开会可能是团队管理过程中一个无法回避的事情，它确实让人感觉是在浪费时间，也影响其他工作。

所以，有人认为，世界上最可恨的“打扰”莫过于开会——

· 开会打乱了人们的日常工作流程；

· 会因某人的没有意义的废话而浪费大家的时间；

· 讨论的内容大多是纸上谈兵、不切实际的；

· 能传达的信息量少之又少；

· 人们非常容易在会上跑题；

· 尽管会议要求人们提前做好充分的准备，实际上很多人根本就没有时间做这些事情；

· 会议可能会制订出模棱两可的日程，尽管人们根本就不知道这样的日程的真正目标是什么；

· 当一次会议不能解决所有问题的时候，总能引出多个“下次再议”，导致会议变得没完没了；

……

可以试想，如果一次会议只需要花七八分钟就能达到目的，却总会因为有各种“花絮”和“插曲”，占用半个小时甚至更多时间，你会有何感想？

我们可以再来算笔账：假设一场长达1小时的会议有10人参加，实际上这就是一场花费了10个小时的会议，而不是表面看来的1个小时——这是用10个小时的生产力来换这场表面看来的长度为1个小时的会议。

而且，会议会对参会人员造成“打扰”，如果再算上放下工作到会议室开会，然后再回到办公室重新开始工作的思维转换时间，实际上这场表面看来花费1个小时的会议，它的成本至少是15个小时。这样算来，这场会议的成本未免有些过高了。从成本核算的角度看，这样规模的会议也将变成团队的负债而不是资产。

如果你觉得“必须”与员工聚在一起讨论一些事情，就非常有必要坚持以下几条简单的原则，让会议变得更有效率：

·放置一个闹钟以明确时间观念，时间一到就散会；

·尽量精简参会的人员数量；

·议程尽量明晰；

·讨论的问题一定要明确；

·最好开现场会议而不是去会议室开大会，并以提出切实可行的改进建议为目标；

·结束会议时要形成明确的解决方案并落实负责人。

以上几点原则，可以帮你实现与员工的会议沟通更有效率。

当然，更节省时间的方法是尽可能减少不必要的会议，如果能通过电子邮件或即时通信解决的问题，就最好不开会。因为如果你能在会议上少花一分钟，你就能多一分钟来做更加有价值的事情。

开始、暂停、继续、暂停——“打岔”会谋杀你的高效率

第一次当主管的你可能会很快发现，在你的团队中会出现一些情况：有的人从早晨上班到下午下班一直都在忙，下班时已经忙得晕晕乎乎的，可还是没有完成本该完成的工作，于是不得不加班接着干。

很显然，这是他们的工作效率出了问题：如果他们总是为了工作而熬夜或牺牲自己的周末时光，可能并不是因为他们需要去做太多工作，而是因为工作状态不佳——这可能是“打岔”引起的。

你可以仔细想一下，自己在什么时间段的工作效率最高？

相信很多人会说是夜里或凌晨，因为在这两个时段里，通常都不会有“不速之客”的干扰。事实的确如此，当人们处于“无人打扰”的环境中时，效率会出奇地高。

这是因为，“不速之客”会侵占你的时间，也会打断你的核心工作，

降低你的工作效率，进而影响你的当天计划、目标的完成。

也许会有人看似亲切地拍你的肩膀，或是临时发起小型的会议，这些看起来都是无害的，实际上却对你的生产力造成了腐蚀——这些都属于“打岔”。

“打岔”会把你的工作时间切割成一个个小段，在这样的一个个小时间段内，你可能不得不重复地进行“开始、暂停、继续、暂停”的工作状态，致使你根本没办法安下心来做事情。

这些“打岔”行为迟滞了你的工作进度，让你不能在规定的时间里完成本可以完成的任务。

现实工作中确实会出现很多意想不到的事情，但是要想使自己既定的工作计划不被打扰，就不能不学会如何迅速解决掉那些可能影响你的突发事件。

只有学会了如何防止“打岔”对你的影响，才能真正提高你的工作效率。

那么，你就需要告诉员工，要他们时刻提醒自己：我今天的工作计划是什么？今天需要实现的目标实现了吗？

如果他们能保证在完成计划和目标之前不被“打岔”，那么他们就能在下班之前，完成既定的目标和任务。

所以，你需要为员工制定下面这样的规矩：

· 工作时间不得处理私人事务、接听私人电话；

· 工作时间不浏览与工作无关的网站或收发与工作无关的邮件；

· 不进行同事间或与来访者间的、与工作无关的谈话聊天，不说笑话、调侃；

·根据工作计划召开工作会议，根据重点计划安排访问或来访；

…………

总之，你所要做的就是保证员工在工作时段内不受打扰，确保彻底消灭以任何借口扼杀生产力的“打岔”行为。当他们不再为了不同任务而不停切换思维的时候，工作效率自然就会提高了。

同样，你也需要提醒员工尽量不去打扰别人。如需与其他人合作时，尽量采用电子邮件等交流工具，来替代电话之类的会打断别人工作的方式。这样，对方就不用立即放下手头的事情，而是可以选择方便的时候再回复你了。

当然，你的工作会不可避免地被各种干扰因素包围着，你能做的就是尽量不被“打岔”，以便能集中精力和心思去工作。

开个小差，然后重新集中注意力

第一次当主管的你会怎样处理工作和时间的关系呢？你是否会为了完成一项工作而选择加班，甚至通宵完成呢？你是否也会要求你的员工这样做呢？

对于很多主管来说，可能都会选择“是”，但你确实没必要疯狂工作，没必要一周工作60个小时、80个小时甚至是100个小时，因为那不是你能成功的正确途径，尽管在你看来它可能就是可供你选择的唯一正确途径。

不知道你有没有想过，如果你是精力充沛、精神百倍地去工作，你的大脑就会处在巅峰状态，否则，身心疲惫的你只可能会制造“垃圾”。

如果你只恢复了一半精力，你的工作表现不一定就能完成一半的效果，甚至都不会是最佳状态时的百分之一。

面临一项任务时，通宵达旦地做确实能创造不少连续的时间，甚至偶尔一两次开开夜车也不会有什么大碍，只是千万不要形成习惯。如果长期熬夜，你的创造力、干劲和心态都将受到严重影响，对你以后的工作也影响极大。

休息不好的人很难会有好点子、好创意——有的人工作效率能十倍于常人，秘诀不在于其付出了十倍的努力，而在于他们能发挥创意，想出只需要常人十分之一的努力就可以成功的解决方案。

在非常困倦的时候，你可能会很容易变得执迷不悟，会执着于眼前的错误方案，不愿重新思考新的途径，即便是新的途径会更容易达成目标。

当非常困倦的时候，你往往会失去迎战困难的动力。当你的大脑太过劳累而处于半休眠状态时，你可能会对那些不需费神费力的工作更感兴趣，比如看那些让你感觉轻松的书籍之类的活动。

当非常疲倦的时候，你还容易失去耐心和宽容，出现情绪失控的情况。如果长期处于睡眠不足、疲劳作战状态的话，你的身体可能在你心理崩溃之前，就已经垮掉了。

当今世界是个知识、信息大爆炸的时代，每个人都会面临快节奏的工作压力。

对于大部分脑力工作者而言，虽然不像体力劳动者那样大量消耗体力，却经常需要在短时间内处理大量信息或做出重要决定。

单调的工作方式、高度的工作需求和紧张的精神状态，会让作为团队主管的你承受很大的生理和心理负荷，甚至会因疲劳过度而卧榻休息。

这样的敬业精神固然可敬，却不可取。

于丹在一次讲座中，讲到了一个“完美之弓”的故事：

古代有一位武士，去市场上买弓。在售弓的商铺前，他被一张制造精湛、堪称完美的硬弓深深吸引。

武士爱不释手，决定要买下来，商铺主人知道了武士买弓是要去作战后，便力劝他买挂在旁边、看似松松垮垮的那张。

武士很是不解，商铺主人便告诉他，那张硬弓因长时间处于紧绷状态，真正使用时，射出的箭恐怕不会太远，也没有杀伤力，反倒是这张看似松垮、毫不起眼的弓，却是在养精蓄锐，一旦发力便可势如破竹。

武士所垂青的那把“完美之弓”，非常像那些常年处于忙碌和“疲劳战”状态中的主管。

团队管理有缓有急，所以身为团队主管的你需要懂得放松，确保有足够的精力和体力储备，一旦进入竞争发力阶段，需要支付大量精力和体力的时候，就能精力充沛，以逸待劳。

就像澳大利亚的一项研究所表明的那样，在上班期间上网娱乐的人，能有更高的工作效率。研究显示，上班时由于个人原因需要上网的人的工作效率，要比不需上网的人高出9%。

负责此项研究的是墨尔本大学管理和营销系的布兰特·科克，他认为，在工作时进行适当的网络休闲，会有助于员工集中注意力——人们需要开个小差来重新集中他们的注意力。

他说：“短时间且无伤大雅的休息，如迅速浏览网页，可以让大脑得到放松，让人精力集中地完成一天的工作，并提高工作效率。”

《捆绑在办公桌上——工作狂指导手册》的作者布莱恩·罗宾逊说：“拿出五分钟来思考，问问你自己，‘我为什么要这么工作？我为什么总是急急忙忙？’我们当中的大多数人每时每刻都在对自己的表现做出评价，‘工作狂’尤其如此。世界上没有尽善尽美。仔细想想那些感觉，这可能会对你有所启发。”

所以，你还是放弃那些鼓吹“放弃睡眠”有利于工作完成的“工作狂”的蛊惑吧。因为现实会狠狠地踹他们一脚，也会让你发现，原来他们的观点是错的。

第四章
用制度管人而不是人管人

给团队确立一个机制，让团队管理制度化

第一次当主管的你上任之初的第一要务，应该是为团队确定一个有效机制，让团队管理制度化。这是管好一个团队的基础，是众多管理要素中的首要因素。

关于团队的制度化管理，有这样一个故事。

宋总是一家房地产开发公司的老板，是一个非常懂得团队管理、非常睿智的人。有一天，宋总在总经理办公室接待了一个多年未曾谋面的老朋友，喝茶叙旧。

一会儿，一个副总走了进来，问道："宋总，有件事情向您请示一下，有个客户的朋友想买咱的房子，这个客户希望咱们能给打打折，您看这件事情怎么办？"

宋总好像充耳未闻，仍然与老友喝茶聊天，假装没听见副总的话，这

让副总显得有点儿尴尬。

于是,他又跟宋总说了一遍:“宋总,有件事情向您请示一下,有个客户的朋友想买咱的房子,这个客户希望咱们能给打打折,您看这件事情怎么办?”

宋总沉默了一会儿,扭过脸去对副总说:“你不知道咱们公司的规矩吗?遇到这样的事情,你该去查查公司有什么样的制度和规定,而不是来问我怎么办。”

说完,宋总便接着与老友聊起天来,副总只得悻悻地离开了。

半小时过后,这个副总又回来了,说:“宋总,我查了,咱们公司目前还没有关于这种情况的规定和制度,怎么办?”

宋总听了慢悠悠地答道:“如果是这样,你应该组织一个会议,邀请我去参加这个会议,你来问我的也不该是‘这件事情怎么办’,而是针对这样的事情,我们该出台怎样的规定和制度。”

这个故事对你是否有所启发呢?

无论规模大小,团队都应该有适行的一套规章制度。有这样的一套规章制度和机制作保障,团队才能有秩序可言,日常工作才会变得更有效率。

像下面这个故事中,如果没有一套合适的制度,他们将永远面临混乱的局面。

从前有七个人住在一起,每天都要分食一大桶粥。要命的是,每天的粥都是不足量的。

一开始,他们推选出一个道德高尚的人负责分粥。出现强权就会产生腐败，当大家开始为了多分到一些粥而挖空心思地去讨好、贿赂这个道德高尚的人时，这个小团体就开始变得乌烟瘴气了。

为了整顿这个局面，大家开始组成三人的分粥委员会及四人的评选委员会，然而，在彼此不信任和不断扯皮之后，粥吃到嘴里的时候已经变凉了。

最终，他们想出了一个方法：轮流分粥，但每次负责分粥的人都要等其他人挑完后，拿剩下的最后一碗。

为了不让自己吃到最少的，这七个人每次都做到尽量平均，就算是不完全平均，他们也认同了这种方法。

于是，大家重新变得快快乐乐、和气融洽了，他们的生活也变得越来越好了。

这七人组成的小团队，在分粥这件事上，经历了由“人治”到“法治”的演变，由“人治”阶段时七个人要么吃不饱要么吃得凉，到“法治”阶段时七个人不仅关系和谐，也能趁热吃粥了，这无疑是个巨大的进步。

中国有句俗话说“没有规矩，不成方圆”，当团队管理出现问题时，大多数时候是出现在运行机制上，一定是没有将公平、公正、公开的原则做到底、做到位，没有严格按照团队的规章制度办事。

因此，第一次当主管的你上任之初，就应当为团队确定一个机制，把日常的管理制度化，然后用团队文化影响员工的行为，打造一支富有战斗力的队伍出来。

不能说成功了就是主管的功劳，失败了就是员工执行力不行

在团队管理中，第一次当主管的你可能需要面对员工犯错的问题。

员工犯错，有的时候并不是他们自己造成的，也可能是因为你在决策上的失误。不管怎样，你与员工都有责任，不能仅让员工做牺牲。

基于怕犯错误、怕承担责任的原因，很多主管会将大事决定权抛给员工，主动放弃自己的职责。从他们的角度看，无非是能让他们进退有据：任务完成得好，他们就归为自己的功劳，说是自己带头做出的决策；任务完成得不好或根本没有完成，甚至还造成了一些损失，他们就能让员工承担主要责任，至少是可以减少需要自己担负的责任。

任务做得好，工作是员工做的，主管还能与员工相安无事；任务失败了，主管就能推卸责任、转移视线、转嫁矛盾，让员工当“替罪羊”。

这样做的后果便是，以后再有事情发生，员工便会推三阻四，谁也不

敢再决定事情、承担责任，整个团队会因此失去凝聚力，给工作效率也造成极大影响。

所以，无论是主管还是员工，对于风险的态度都将决定团队的发展。

作为团队主管，你不仅是个决策者，更是风险的承担者，你将永远站在悬崖边缘，直面挑战，当仁不让，承担起对于团队的责任，不推辞、不敷衍、不遗漏，凝聚整个团队的力量，实践团队的共同目标，共享相互协作所创造的成果。

也有不少主管会在触犯了规定后“拿架子”，认为自己是主管，是领导者，就可以免于受罚。然而，一个优秀主管会主动承担责任，接受惩罚，反而更能提升自己的影响力，赢得众人的尊重和支持。

曾担任新四军第三师副师长的张爱萍，是个治军赏罚分明、严于律己的人。有一次全师会操，他因为与师长黄克诚谈话，迟到了4分钟。会操结束后，他当众宣布：“副师长张爱萍同志迟到4分钟，罚站10分钟。各单位自行带回，张爱萍原地罚站。”全体官兵无不为之感动，操练场上立刻响起了雷鸣般的掌声。

所以，只有第一次当主管的你先做到“严于律己”，犯错误后能严格要求自己，与员工一样承担责罚，才能聚拢人心，从而实现更好的团队管理。

金无足赤，人无完人，不对员工吹毛求疵

俗话说“金无足赤，人无完人”，每个人都有缺点，都会犯错。那些斤斤计较、苛求员工完美的主管，不仅工作时容易身心疲惫，也容易被员工疏远，并可能致使员工在工作中畏首畏尾、过分小心谨慎。

第一次当主管的你会怎样面对员工的错误呢？是否会漠视员工的成绩，只对员工的缺点无法容忍，对员工的工作吹毛求疵，甚至每天都盯着员工的缺点不放呢？一个优秀主管，会选择主动帮助员工规避、克服自身的缺点。

曾担任IBM第三任CEO的小托马斯·沃森就是一个这样的人。

有一次，一名员工犯了错误，造成了1000万美元的损失，他对小托马斯·沃森说：“我是不是该卷铺盖走人了？”

小托马斯·沃森说：“你疯啦？我们刚刚为你交了1000万美元的学

费，你想我们会让这么一大笔资产从公司流失掉吗？”

小托马斯·沃森没有选择辞退该员工，甚至没有批评该员工，只是告诉他要好好做事。

小托马斯·沃森的确很聪明，如果因为这名员工造成了1000万美元的损失而辞退他，那么，这1000万美元就会变成“成本”——没有任何“收益”的成本。

日本著名管理大师稻盛和夫说：“我们从来不因为失败而处罚员工。如果一个员工在某项计划中遭遇失败，我们还是会立刻给他另一项任务……虽然前一个计划失败了，但是那个员工还是从中学到了不少，并可以凭借过去的经验再向前迈进。”

值得注意的是，这里所说到的错误，在一些团队中被定义为“合理性的错误”，指的是在工作中，特别是在竞争激烈的“经济战争”中，那些敢于开拓、勇于承担风险的人或因对手过强、条件不足，或因对方配合不够、不守信用而出现的错误和问题。至于知法犯法、怠工懒惰、莽撞胡来的人，不在此列。

对于员工在工作中的“错误”，杰克·韦尔奇认为：“管理者过于关注员工的错误，就不会有人勇于尝试。而没有人勇于尝试比犯错误还可怕，它使员工故步自封，拘泥于现有的一切，不敢有丝毫的突破和逾越。所以，评价员工重点不在于其职业生涯中是否保持‘不犯错误’的完美记录，而在于是否勇于承担风险，并善于从错误中学习，获得更好的经验教训。”

因此可以说，在不容许犯错误的组织里，一般会出现两类适得其反的行为。

一些看法认为错误是“不好的”，所以，如果犯错者是主管，从这些错误反馈回来的信息必须会被忽视或被有选择性地重新解释，帮主管掩盖错误，假装什么都没有发生过，那些错误也不会得到纠正。

如果犯错者是员工，那么这些错误将会被掩盖。因为如果员工犯了错，一般会遭到严厉的批评和惩罚，让他在下次犯错时会下意识地掩饰，并可能在以后的做事过程中过分小心谨慎，甚至得过且过，出现“不求有功只求无过”的情况。

如果你发现团队中也出现了这样的状况，那么你就应该主动从自己身上找找原因了。

所以，你要向员工明确哪些错误是可以被允许、可以原谅的，哪些错误是不可以被允许、不被原谅的，绝对不能出现明知故犯、屡教不改的情况，以免员工犯下更大的、无法弥补的错误。

集体犯错也是错，有错绝对不放过

某厂有个工人盗窃了厂里的木材，虽然数量不是很大，但性质肯定是偷盗。

偷盗者是个木工，平时跟工厂里的人也都多少有点儿交情。于是，当厂长坚持要依法处理偷盗者的时候，全厂上下都来为他说情。

有的人认为应该少数服从多数，但厂长理直气壮地说："厂规是厂里最大多数的人通过的，要服从就服从这个多数。"

第一次当主管的你在面对同样的情境时，会怎么处理呢？是否也会采取与该厂长相同的做法呢？

你是否会产生"不把事情闹大"的想法，只希望能和平地收拾局面、息事宁人，以谋求大多数人的支持呢？

然而，实际上，如果你不讲组织纪律，迁就多数人的意见，势必会后患无穷。

这位厂长的遭遇是，他因为与工人们在这件事上的分歧，在一个阶段内变得似乎有点儿“孤立”了，但时间一长，理解和赞同厂长做法的人越来越多，偷盗厂内财物的情况也减少了许多。

如果当时这位厂长选择了听从大多数人的意见，对这件事情不加处理或酌情处理，必然会让工厂里的偷盗之风愈演愈烈，甚至会让厂规厂纪变成一纸空文，结果必然是厂长威信扫地，走向真正的“孤立”。

无数事实都证明了一个道理，有些心怀叵测的人很会蒙骗群众，会打着“公众”的旗号，以所谓的“多数人”作后盾，提出无理的要求，并以“法不责众”为由，为自己开脱罪责，要挟主管做出违背制度的事情来，为自己牟取利益。

我国古代奉行“法不责众”的思想，是与古代社会普遍行“德治”抑“法治”有关。然而，在现代公司制度下建立起来的业务团队中，如果仍然坚持“法不责众”的思想，则显得太不合时宜，反而会让很多人趁机钻空子，损害集体的利益。

在一个健康有序的团队中，违规者应是少数，团队的各项规章制度的管理对象应是“寡”而非“众”，如果不能及时、恰当地进行处罚，就会诱使更多违法行为的出现，最终演变成无法控制的局面。

所以，第一次当主管的你要学会区分事情的性质，清楚自己可以酌情处理哪些问题，必须秉章办理那些事情。

有家商店，店面虽然不大，地理位置却相当好，由于经营不善，出现连年亏本。新任主管一上任便决意进行整顿，先是制定了一系列规章制度，结束了员工们逍遥自在的日子，结果招致一片反对之声。

很快，主管被孤立了，但他仍然坚持原则，说到做到。

两年之后，这家商店终于转亏为盈。年终颁发奖金的时候，一名平时爱在店堂里结绒线、反对新规定最坚决的女员工说："还是这样好。过去结绒线，一个月顶多打一件，现在的奖金足可以买十几件羊毛衫了。"

可以想见的是，如果这位主管一开始就采取服从大多数人的态度，以"法不责众"的想法求得一时的不被孤立，最后只会是因为可能无法发工资而灰溜溜地"下岗"。

现代社会讲民主，结果导致"少数服从多数"成了理所当然的事情。如果这个"多数"是由认识水准高、纪律性强的人组成的，而且他们的主张也确实是对的，那么"少数服从多数"这句话当然是没有问题的。

如果占"多数"的人是些敢于为一己之利肆意践踏规章制度的人，身为团队主管的你就要抛弃"法不责众"的观念，做到"有错必罚"了。

当然，为团队所犯的合理的错误，还需要受到团队的接纳和容忍，不能搞"一刀切"。3M公司对待失败的态度，就非常值得第一次当主管的你认真学习。

3M公司是一个经营67万多种产品的百年老字号，每年开发的新产品达200多种，几乎每隔一两天就有一项新产品问世，其产品推陈出新的能力令人称奇，总能以非常领先的速度不断开拓新的技术领域。

可以说，巨大的产品更新能力为3M保持优良的成长能力，打下了坚实的基础。

“只有容忍错误，才能进行革新。过于苛求，只会扼杀人们的创造性。”这是3M公司的座右铭。

在3M公司里，成功者受到奖励，失败者也不受罚。公司董事长威廉·麦克唐纳说：“企业主管是创新闯将的后台。”

3M公司努力创造轻松自由的研究开发环境，即使一项创意失败了，也不会遭到冷嘲热讽，依然可以从事原来的工作，依然会获得公司、团队的支持。

可见，要想做成一件事情，就必须对失败者给予公开的支持——不仅是支持“有意义的试验”，也要公开支持“失败”本身，要敢于公开谈论“失败”。

有了这样的制度作基础，才能真的从那些最有意思、最富创造性、最有用处的失败中，找出成功的因素来。

由此可见，第一次当主管的你必须在团队中建立起制度的基础来，保证员工敢于为实现共同目标而试错，不会在一己私利的驱使下侵犯团队的利益。

考核员工不能太重人情，做到公平、公正

考核，是第一次当主管的你在管理团队时，无法回避的一个重要问题。那么，对于团队的考核，你所看重的是人情呢，还是公平、公正的原则呢？

日本西铁百货公司社长尾芳郎与名古屋商工会议所主席土川元夫是老朋友了，由于名古屋商工会议所急需一名管理分部的主任，所以尾芳郎就把自认为是人才的一个朋友介绍给了土川元夫。

土川元夫与这个人面谈结束后，立即告诉尾芳郎："你介绍来的这个朋友不是个人才，我很难留他。"

尾芳郎听后很吃惊，认为老朋友是不给自己面子，就说："你连我的面子都不给？你就跟他说了20分钟，怎么就说他不是人才呢？"

土川元夫知道尾芳郎生气了，解释道："你的这个朋友跟我刚一见面

就滔滔不绝地说起来，我都插不上话。作为一个无名小卒，他在我说话的时候也不认真听，还在我的面前炫耀自己的人脉，说自己认识这个总裁那个名人的，对业务又一窍不通，你说我怎么敢用他呢？”

听完土川的话后，尾芳郎理解了，认为土川元夫的分析很有道理，心中的不悦也一扫而光，赶紧向土川元夫道歉。

上面的故事对你是否有所启示呢？

重人情是好事，但最好不要用在考核人才时。太重人情就可能让你在评判一个人时有失公允，员工会以为你任人唯亲，嘴上不说却心里不服，对你的个人印象也大打折扣。

因此，在考核员工时，绝不能因个人的好恶而一叶障目，抛弃公平、公正的原则。

正确的做法是，在评价和考核员工的工作时以事实为依据，一切从实际出发，行就是行，不行就是不行，绝不能存有任何的偏私。根据考核的结果和员工的综合表现，进行公平、公正、公开的评价。你要明白，只有实事求是才能得人心，只有得人心才能做好主管，带好团队。

可能仍有不少主管会凭“人缘”对待员工，会让一些工作认真、原则性强、多有“得罪人”的员工难以评先，却让工作落后、喜好溜须逢迎的人“上位”。

也有的会搞“平均”主义，对于评优、选优这样的好事“轮着来”，让团队中的所有员工几乎都能做到第一。虽然这样可以简单省事，却有可能让员工认为工作不分好坏，干不干一个样，干好干坏一个样，长久下去必然会挫伤那些优秀员工的工作积极性。

还有的主管会根据个人印象暗箱操作，将荣誉、奖励等看作自己钱包里的物件，自己愿意给谁就给谁，导致一些喜好趋炎附势、阿谀逢迎的员工上位，而一些性情耿直、不会讨喜的员工落选。

这样的考评结果，怎么能让人信服呢？

所以，你一定要明白，不要在所有事情上都看重人情。比如，有的员工在待人处事等方面做得很好，工作上却是看似非常努力实际没什么起色，总是不能让人满意。

对待这样的员工，你会耐心地与员工沟通，希望他能改进自己的工作方法，端正工作态度，进而使他的工作状态有所提升吗？最终的结果可能仍是让人失望，因为他的表现可能依然难以达到你的期望。

你会选择解雇这样的员工吗？可能你在心里有过许多遍这样的念头，可到了行动的时候却多有顾虑，开始挖空心思地去为留下这样的员工寻找各种借口——

· 他人品还是很好的，与部门同事间的关系还是蛮好的；

· 他很尊重自己，经常能让自己得到满足的感受；

· 他是某个上级领导的亲戚；

· 把他解雇了，暂时没有更合适的人接替他的工作；等等。

最终，这样的员工还是被留了下来，依然留在团队里，用不及格的表现让你一直难受却又说不出口。

你认为你的这种做法值得吗？

制度定了却不严格执行，最害人

在日常的团队管理中，如果第一次当主管的你能做到以身作则、做出表率，会产生比你喊几千次口号更好的效果。

马云认为，要先做榜样，再做管理。只指挥别人，自己却按系统做，永远都是纸上谈兵，早晚会出事。

所以，只有你能以身作则、做出表率，才能组建起一支能打硬仗的高素质队伍来。你若能严格要求自己，则说明你有较高的自律性。

一般来说，只有自己首先做到的人，才会有底气始终严格地要求别人。

董明珠在成为“营销女皇”和格力电器CEO之前，曾担任格力电器的经营部长。在她走马上任之前，经营部长期存在着迟到早退、喝茶看报、吃零食聊天等恶习。她一上任，就出台了明确的管理措施，狠抓内勤管理，甚至将许多老员工训得落泪。

董明珠发现员工中女性多，就对她们的服装、头发、走路姿势等都做了明确要求，不仅要求尽量剪短发，更不准佩戴太多饰品上班。

规则制定出来了，董明珠带头执行，显示出一个“完美执行者”的形象，甚至比其他任何人做得都好。在她的带领下，经营部焕发出全新生机。

1994年年底，董明珠因骨折住进了医院，面对着前去看她的同事，心中很是感动。可出院后的第一天，她就不讲情面地对一个违反纪律的同事进行了批评和罚款。

后来，面对公司里账务不明的状况，董明珠跑到当时的格力电器总经理朱江洪的办公室，要求把全部对外财务划归自己管理，并且建议自己只管钱进、货出，不管用钱，同时每天都让财务部向经营部通知经销商的进出款，申明自己随时接受监督。

结果，朱江洪真的划出了一部分财权给董明珠管理。

在董明珠的管理和影响下，格力电器的每一个员工都本分做事，在客户中树立了良好的口碑，甚至被媒体评价为“最具有正气的公司，也是最值得信赖的公司”。

可见，只有主管先做到了严格按规章制度办事，才能要求员工也去遵守。

我们确实也能看到很多主管会拿各种要求、标准管理员工，却很少想到用这些要求、标准管理自己，总是刻意忽视或不去做“自我约束”的事情，甚至遇事总喜欢归咎于他人。

将责任推给员工，即使事情成功了，也会丧失员工的信任，就更别提让员工服从你的管理和领导了。

联想集团前CEO柳传志在很多场合说过：“企业做什么事，就怕含含糊糊，制度定了却不严格执行，最害人！”

在一些人看来，开会迟到是再小不过的事情，在联想这却是件不可原谅的事情。联想有一条“开会迟到罚站一分钟”的规定，甚至连柳传志也不例外。

有一次，柳传志在乘坐电梯时，电梯出了故障，结果被关在了电梯里。当时还未全面流行手机，也没有人知道他困在电梯里，过了很长时间才被人救出来。因为有这条规定，柳传志乖乖认罚。

由此可见，想要严格要求员工，让他们的工作做得完美，做主管的就要做到“以身作则”，给员工做出榜样来，这可比你喊破嗓子有用得多。

“因岗设人”还是“因人设岗”

第一次当主管的你，是否会为团队的人员配置大伤脑筋呢？

在人员与岗位的匹配上，一般存在着两种做法——“因岗设人”和“因人设岗”。

前一种做法是目前组织架构中比较普遍的做法，也是一种普遍使用的原则，也就是先设计了岗位再配置人员，按组织结构的需求考虑人员配备。在这种组织架构中，是先有事情再考虑做事情的人。

后一种做法是以人的数量、能力来设置岗位，将会出现的问题就是为了安插实际上并不需要的人员，会凭空设置岗位，使团队变得臃肿不堪或变得结构不合理，甚至出现人浮于事的现象，阻碍团队的长远发展。因而，这种做法是受大多数主管反对的。

所以，你可能会在招聘面试中遇到一两个才能卓越的人，但如果没有适合的岗位提供给他，就千万不要招他进来。因为你把他招进来却让他无所事事，无论对他还是对你，都是有百害而无一益的。

一旦出现了人浮于事的情况，你就得没事找事地设计出某个岗位、一些工作来，致使虚无的工作带来虚无的项目支出，对他的所有花费都转化成实实在在的成本，带来实实在在的麻烦。

这实际上反映出了一个问题：在大局的定位及方向上，一些主管非常盲目。

任何一个机构中的岗位都是遵循一定规律设立的，所以，即便你真的遇到了“人才”，也别“因人设岗”。

此外，该什么时候招人、招多少，都需要主管根据具体情况确定，绝不是随心情或遇到了所谓的“人才”而定的。

一句话，不要为了贪图一时高兴而招人，招人是为了解除痛苦的。

你需要时时提醒自己：这项工作是不是真的必须招更多的人才能解决？如果不招又怎样？能不能用一套软件或改变操作模式来解决这个问题？不做这个行不行？

如果这些问题的答案都是非招不可的话，那你就要毫不犹豫地发出招聘信息，否则就尽可能地不招聘新人进入你的团队。

即使你的团队中出现了人员离职的状况，也不应立即招聘新人来填补空缺的位置。

你需要先看一下，如果没有这个职位的话，团队业务是否会受到很大影响。如果没有，那就没必要再招聘新人填补这个岗位了。

依据这样的原则去做的话，你就会发现，其实你所需要的人，远没有头脑中认为的那么多。

那么，如何判断真正需要招人的时机呢？

只需要观察你的员工是否在一个较长的时间段内都是在超负荷工作，并且已经出现了明显的恶劣影响。当不招人就会严重影响工作的质量和进度时，就是你招聘新人的最佳时机了。

总之，千万不要提前招聘新人进入你的团队，以免给你带来数不清的麻烦。

试用期，帮你留下你真正需要的人

任何人进入一个新团队，都需要经历一段时间的试用期，这是目前大多数团队的做法。

也有一些人认为，其实并不需要“试用期”来检验新进员工的能力，因为这些人更相信自己的眼睛。

无数的事例告诉我们，对新进员工的“试用期”，是必不可少的。因为面试的作用毕竟有限，比如有些人看起来很专业，做起事来却是另外一番样子。

你得知道他们现在能做什么、做得怎么样，而不是听他们告诉你的曾经的经历和效果。

需要注意的是，试用期的考核侧重点与正式的员工侧重点有所不同。

在试用期内，对新进员工的考核更多侧重于对行为过程的考核，转正后的考核则更多侧重于对工作业绩的考核。

还处在试用期的员工刚进公司，业绩不是很明显就出来的，可供观测和考察的是他的行为过程。一旦进入实际工作环境当中，一个人的真实水平就会体现出来。翻看作品、阅读简历、约见面试，那是一回事；与人搭档工作，会是另外一回事。就像很多程序员在面试时可以说得口若悬河，实际去做的时候却可能错漏百出。

所以，试用新进员工的最好办法，就是看他在实际工作中的状况。时间是证明一个人能力的最好方式。

一些大公司的办法，或许可以供你借鉴。

为了试用求职者，宝马公司在美国南卡罗莱纳州的工厂里建了一条模拟装配生产线，要求那些求职者实际操作90分钟，完成和汽车有关的各种工作。赛斯纳飞机公司会为待聘的求职者安排一个角色扮演练习，比如模拟高管的一天工作安排。

参照这两家公司的做法，你就可以在对求职者发出正式的聘用通知书之前，先给他安排一个你觉得合适他的岗位，给他一个小项目琢磨，方便你观察他是怎么管理这个项目，怎么进行沟通，以及他的做法等。

对于程序员，你可以通过与他一起设计或编写几屏代码，从中看出他的做事方式、做事思路等，迅速摸清他是否具备你需要的工作能力。

你需要考察求职者是否在文化上、思想上与你有共同点。如果没有共同点，那么将来你的每个决定都可能与他发生争论。

你还需看求职者的执行力，如果他不能在规定的时间里完成任务，即使再聪明的头脑、再合适的文化倾向、再高涨的工作热情，也无法为团队带来任何有价值的贡献。

当然，试用期并不是团队的单向性选择。试用的过程也是新进员工对团队的考察过程，看是否值得自己努力奉献。

从这个意义上说，试用期也是决定新进员工能否安心、踏实工作，能否真正成为团队未来一分子的必需环节。

因此，“试用期”绝对不是一个可以任意取消的过程，你不能仅凭着自己的一双眼睛或直觉，就取消对求职者的试用过程。

对应聘者的要求，也不应走向另一个极端——动辄就把“有工作经验”作为一个硬性条件。

很多主管在招聘时都希望能招到一上班就能独立开展工作的员工，这样就能缩短新员工适应岗位的时间，减少团队的培养成本。所以，他们把“有工作经验”作为对应聘者的基本要求。

这本是无可厚非的，也是合乎情理的。招聘时要求有基本经验本来没错，要养成一定的工作习惯、掌握工作方法、学习相关技巧等，其实只需要半年至一年时间，完全不需要满足一些公司设定的动辄“5年以上工作经验”的要求。

这样的要求不仅有些过分，也没有实质意义。因为一个具有半年工作经验的应聘者与一个有6年工作经验的应聘者相比，他们之间的差别小得惊人，并因个人的努力程度、性格差异及智力水平而大有不同。

对于那些动辄要求“5年以上工作经验”的团队而言，工作经验在让他们节省培训成本的同时，也可能成为他们的“包袱”，使得应聘者所积累的经验成为束缚他的东西，使他形成思维定式，难有更好的创新与发展。

反而是没有“工作经验”的新手，能凭着“初生牛犊不怕虎”的勇闯敢干的精神，激发出自己的工作激情，增加团队的发展活力。只要能给新手锻炼成长的机会，一样能积累出好方法、好经验，用不了几年便可成为团队骨干。

所以，第一次当主管的你完全没必要对“工作经验”过于执着。过分苛求只能让你与更多“乔布斯式”的创新人才失之交臂，让你难以招到可能给你的团队带来更多新鲜活力以及机会的求职者。

相反，如果能主动给更多并无经验的新手以成长的沃土，让他们实现就业“无障碍”，则更有可能给自己一个发现人才的机会。

现在已经不是以时间长短论英雄的时候了，真正重要的是他们到底做得有多好。

第五章

放权的艺术

自己先变成“行家里手”，才能带好团队

常言道：“隔行如隔山。”在现代社会中，各行业已经呈现出分工更加细化的趋势，结果各专业都变得相对独立又自成体系。如果你的知识面还过于狭窄，无疑将成为一个新趋势的“门外汉”。

第一次当主管的你要想胜任自己的职位，一定要熟悉、精通业务，成为“行家里手”。

只有自己懂行了，才能带好团队。就像在足球比赛中，在把球传出去之前，你必须尽可能地亲自带球。

在团队管理中，只有经历了“亲自带球”的过程，你才能真正了解各项工作的本质，懂得判断员工是否保质保量地完成工作，才会知道怎样写出符合实际的招聘要求，清楚在面试中问哪些问题。清楚了各项工作的本质，你才能知道该雇用全职还是兼职，是将工作外包还是自己搞定。

37 signals团队在创建后的头三年里，所有的客服工作都由团队中的某个负责人去做的，在摸清客服工作的本质之后，他们雇用了一名专职的客服人员。

这样做的好处就是，在决定招聘的时候，他们已经十分清楚自己到底需要招聘什么样的员工了。

当你真正了解各项工作的本质后，在管理过程中才会变得更加成熟、优秀，因为你能在关键时刻指导员工如何更好、更快地完成工作。

此外，你还能知道该在何时批评、何时鼓励员工。只有真正了解各项工作的本质，你才能全面把控团队的运行，做到心中有数、游刃有余。否则，你的管理只能是磕磕绊绊的——这是非常危险的。

一句话，在你真正亲自尝试并了解到各项工作的本质之前，永远不要雇用别人去做。

你要胜任你的主管岗位，成为“行家里手”，一个有效的途径就是——自我加压、自我超越、努力学习、不断提高。

要知道，你在最初阶段付出的所有努力，都会变成无数倍的管理智慧，最终全都回报给你。

谈论员工感兴趣的事情，让员工对你不设防

美国著名外交家本杰明·富兰克林曾在宾夕法尼亚立法机构任职。

当时有一位立法者是富兰克林的政敌，非常顽固，对他非常不友好。每次见到他的时候都从不打招呼，转身就走，富兰克林却非常需要这位立法者的帮助。

于是，富兰克林想了一个方法，来化解这位立法者对自己的成见。

有一天，富兰克林得知这个人手中有一本非常珍贵的书，于是给他留了个纸条，表示希望能借阅这本书。那个人很快就把这本书借给了富兰克林。

一周后，富兰克林将这本书连同自己的阅读收获一起交还了这个人，同时表达了对这本书的赞美和欣赏之意。

当富兰克林再次在国会上见到这个人时，他开始非常热情地与富兰克林打招呼，态度变得非常有礼貌，并且向富兰克林表示，不论何时需要

帮助，他都会尽全力去做。就这样，富兰克林与他成了好朋友。

后来，富兰克林说，一开始，他从未想过自己需要用这种方式来获得他的帮助，只是为了寻找共同点，让他对自己产生好感，化敌为友。结果，他们之间的友谊一直持续到富兰克林去世。

美国人际关系学大师戴尔·卡耐基曾说，如果你想别人喜欢你，希望他人对你产生兴趣，你需要注意的一点是——谈论别人感兴趣的事情。

心理学认为，人们往往会对与自己有共同点的人产生好感，并通过说话语气等表现出来。

所以，你会发现，如果你把自己的某个特殊习惯或喜好告诉一个新认识的朋友，如果对方恰好也有，那么他就会表现得特别激动，这表明他已经在心理上拉近了你们之间的距离。

你也可以用这种办法拉近与员工的距离，甚至与员工产生矛盾后，你也可以用这种方式寻找你们之间的共同点，实现心理距离上的突破，让员工放松心情，消除员工的心理戒备，然后再冷静沟通，最终实现正常的团队管理。

需要注意的是，在与员工的交流中，你要真心表现出对对方提供信息的兴趣，不要妄自评断，更不要以自我为中心。

千万不要预设立场，如果你一开始就认定对方是个很无趣的人，或者对对方要说的事情已有答案或评判，你就会不断从对话中搜集论据验证你的观点，让你与员工的沟通失去意义。

让员工肯听从你的指令，对你心悦诚服

心理学家曾进行了一个有趣的实验。他们雇用了一些人，让这些人在纽约的马路边集合起来，一起往天上看，心理学家则观察路人的反应。结果发现，在这群人的影响下，路人中往天上看的人会越来越多。

经过统计发现，如果五个以上的实验者这么做，就能迅速引起一大片人跟着往天上看；如果有三个人这么做，那么路人中至少有六成人会往天上看。心理学称这种现象为“同调”行动。

人们的日常行为中存在着“同调”现象，即当一个人周围的大部分人都在做同一件事情时，这个人也会跟随他们去做同样的事情。

这种心理现象在团队管理中也可以得到实证。

一个人的态度、判断和兴趣，会由于他所处环境的改变而有所改变，会表现出与这个小环境趋于一致的倾向。

所以，如果第一次当主管的你发现一些员工没有多少主见，若是想让他们同意你的意见，最好使用群体战术，让他们在“同调”心理的驱使下，采取与团体一致的行为。

对“同调”行动影响最大的因素，是采取这类行为的人的数量。

在管理活动中，做出同一行动的人在特定圈子里的影响力，也会对管理活动产生重大影响。采取此类行动的人的影响力越大，事情就越容易成功。

井植薰曾在松下幸之助创建的“松下制作所”工作过一段时间。在此期间，他逐渐成长为一名具有超凡经营管理才能的团队高管，为松下公司立下了汗马功劳。

1931年，井植薰被任命为松下电器制作所的主任，后来又因在第一工厂的出色表现而被任命为第八工厂的厂长。

第八工厂的工人文化水平普遍较低，生产方式也非常落后。管理这样一个工厂，对井植薰来说确实是一次非同寻常的考验，更何况全厂上下没有一个他认识的人。

到厂的第一天，工厂里的一帮黑脸大汉就给他来了一个下马威，他们根本不把脸面白净的井植薰放在眼里，甚至当面嘲笑他是个“白脸小和尚”，井植薰对此毫不在意，一心只想把生产先搞上去。

于是，他向工人宣传流水线的诸多好处，但工人们对他有抵触情绪，让他的工作很难开展。

摆在井植薰面前的只有两条路，要么以“厂长”的名义去发布命令，以势压人，这样结果很可能会激起更严重的对抗，让自己一败涂地。要么就是想办法化解工人们的抵触情绪，让他们都团结在自己的周围。

通过走访，他发现工人们都认为能喝酒的男人是真正的汉子，是工厂里最受人尊敬的人。于是，从小练就的酒量帮了他的大忙。井植薰开始与工人们一起喝酒，并且常表现出很能喝的样子。

然而，喝酒也是有学问的。有一次，他与几个在工人们中间颇有威信的工人约定，“今天咱们放开喝，谁最后一个醉，今后就要听谁的”。

为了赢得这次比赛，井植薰在饮酒之前喝了大量的水，比起那些刚刚干完一天的工作就马上空着肚子喝酒的工人，有了很多优势。

他们一方是有备而来，一方是仓促应战，成败高下立显。结果，井植薰赢得了最后的胜利，也赢得了工人们的尊敬和拥护。

从此以后，工人们都对井植薰没有了抵触情绪，工作干劲也提高了不少，上下齐心合力，生产也很快就搞了上去。井植薰的工作越干越顺利。

你的团队中肯定也会有几个能起关键作用的员工，他们尽管与其他员工没有职务上的分别，却往往能赢得其他员工的支持。

对于你来说，如果能争取到这些员工的支持，让他们按照你的要求去行事，那么“同调”行为的影响，就会发生在这些关键员工的身上，进而影响其他员工的行为。

能产生有效结果的威信才是真正的威信。如果员工肯听从你的指令，愿意按照你的指令去做，这样才算是有威信的；如果员工不愿意支持你、执行你的指令，你的威信也就荡然无存了。

与员工保持适当的距离，树立并维护主管的权威

第一次当主管的你是否认为，有必要与员工保持适当的距离呢？也许你会诧异为什么会问这样的问题，但与员工之间拉开适当的距离，却是非常有必要的。

与员工保持适当的距离，能让你赢得很多意想不到的好处，比如可以避免引起员工之间的嫉妒、紧张等情绪。

我们在现实中经常见到这样的情况，比如在某些团队中，主管与某些员工的关系过分亲近，会导致团队中出现不安定的局面。

主管与员工的距离也不要太远，以免让员工觉得自己不受主管欣赏，以为主管不希望他留在团队中。这是非常危险的信号。

与员工保持适当的距离，还能减少员工对你的恭维、奉承、送礼等行为。保持与员工的过分亲近关系，可能使你对受自己喜欢的员工的认识有

失公正，对你的用人原则造成干扰。

与员工保持适当的距离就可以帮你解决这个问题，可以帮你树立并维护主管的权威，彰显古语“近则庸，疏则威”的深刻内涵。

这只是你应当明白的道理，并不是说你做出了某些行为后，员工就必然会做出某些你期望的转变。

比如：有些员工就总喜欢在背后说别人的坏话、挑拨别人之间的关系，摆出一副“唯恐天下不乱”的架势，对团队的稳定、团结造成影响。

这种时候，你该怎样做呢？

一般来说，对待这样的员工，你首先应以“自重”的形象去影响员工挑拨是非的行为，以诚恳谦和、正直坦荡的形象去与员工相处，对待员工的闲言碎语则不听、不信、不传，对任何事情都有自己的见解。

你要认识到，尽管背后议论别人是一种不道德的行为，帮助你的员工改变这种习惯也是应该且非常有必要的，却仍然需要注意一定的方式、方法。

可能从你自己的立场出发，这种在背后对别人说长道短的行为是令你不齿的，但你仍需表现出对员工的尊重，表现出朋友式的充满善意的态度，让对方不在心理上对你设防，从而增强劝导的效果。

你需要用说服的方法，引导对方认识到应当如何正确识人，促使员工出现你所期望的转变。

你还可以用“冷处理”的方式对待这样的员工，对他所传播的任何传闻都冷淡处理，不去作答，同时切断与他的一切可能的接触方式，并控制好自己的情绪，保持冷静的头脑，让这样的员工自动远离你。

你一定会因为“主管”的身份而处于各种利益、各种矛盾的焦点，要想实现你的个人价值，让你在上任之初就埋下的理想的种子生根发芽，就必须懂得掩藏自己，使自己的心机不被窥破。否则，一旦你的心思被别有用心的人看破，就可能被他们利用，成为他们实现个人目的的工具。

由此可见，保持与员工的适度距离，减少过于直接的接触，是一个必要且必须的方式。

如果你一直以随和的态度示人，也可能给员工造成一种错觉：这个上司好说话，是不是让他解决一下我的问题……你可能会让你的员工心存侥幸，一旦不满足他们的要求就会招致他们的怨恨。

这样一来，你必然没有足够的时间和精力处理团队事务，反而被繁杂的事务缠身，成为这些员工的“奴仆”。

只有适当拉开与员工之间的距离，不露声色、不露痕迹地在团队中树立起自己的权威，给员工造成一种“有权力”的印象，你才能更好地控制员工，让他们的心里充满敬畏和服从，让你的想法和计划顺利实施。

不把员工的抱怨当儿戏，要听出“弦外之音”

对于第一次当主管的你来说，当团队中出现一两个爱发牢骚的人，你会怎样应对呢？

施布尔是一家大公司的小班长，手下管着十来号人。虽然每次他都能把工作完成得井井有条，上级却不太喜欢他，却又对他无可奈何，因为他在工作上的表现确实很优秀。

原来，上级每次给他布置生产任务时，他总会抱怨：“我每个月就拿这么一点点工资，凭什么要交给我这么多任务？”

后来，这件事情被分公司的总经理知道了，在派人对施布尔的工作做出详细考察后，不仅没有批评他，反而任命他为所在部门的副经理。

施布尔上任不久，就把这个原本效益不好的部门治理得井井有条，利润也增加了许多，对于上级分派的任务也不再有所抱怨了。可见，要员工不发牢骚是不可能的。

通常来说，主管是不会听到员工的牢骚的。如果身为主管的你听到了员工的牢骚，首先要问的是，员工为什么会发牢骚，然后便是调查清楚他发牢骚的原因。

有的员工是因为他的能力和才干不受重用或感觉岗位不适当。对于这种情况，给予他更合理的职务，以便能发挥他的才能，是平息他的怨气、牢骚的有效方式。如果你已经在职务上做出调整，员工仍然抱怨不止、牢骚不断，这时候就需要以你的主管身份，去找机会教育和警示他们，促使员工改正自己的问题了。

有的员工可能是出于比较心理，看到别人升迁了而自己却什么都没有，所以成天怨这怨那的，对于自己的本职工作却又不能完成得很好。

这种员工基本上是整天抱怨工资太低、领导看不起他的，所以才造成别人升迁了自己却没有，根本不能从自己身上找原因。

对于这样的员工，你可以另找一个有水平和办事能力且能任劳任怨的人，让他们同时完成同样的任务。就像下面这个故事中的做法一样。

有一个老板想买一批番薯，派他的两个学徒去市场了解一下行情。

学徒甲去了一会儿就回来了，一面埋怨着炎热的天气，害得他出了一身的汗，一面向老板汇报当天市场上的番薯价格，说完就嘟囔着去冲凉水澡了。

学徒甲冲完澡回到店面，学徒乙正好汗流浃背地回到店里，他不仅向老板汇报了市场上的番薯价格，还把了解到的昨天和前天的番薯价格一并告诉了老板，说明今天的价格是最低的，担心明天就会涨价。

老板觉得学徒乙分析得有道理，就跟他说让他找一个卖主来店里谈判。没想到，学徒乙却一指门外，说已经考虑到老板可能要买，已经找了一个卖主在外面等候了。老板看番薯的质量不错，价钱也确实比前几天更低，于是很快就把那个卖主的番薯全都买了下来。

对于故事中的学徒甲和学徒乙的能力高下，相信第一次当主管的你已经有了自己的判断。你会怎样选择呢？是否也愿意将晋升的机会留给学徒乙而非学徒甲呢？如果你的员工中的确有像学徒甲这样成天只会发牢骚却不见做成什么事情，同时又为自己得不到升迁而怨声载道的员工，你该怎么办呢？

最好的办法，就是用事实说话。你可以提醒他，作为员工，他没有做好自己的本职工作，你就禁止他抱怨。同时，你要采取必要的措施，防止他的抱怨造成更大影响，不能任由他的抱怨升级。

你既不能对出现的问题不理不睬，认为员工的情绪会自然而然地消失，也不能采用奉承、夸赞的方式蒙混过关，以为这样可以平复员工的抱怨，让他忘掉不满——这些都是对抱怨情绪不该有的体现。

你应该观察员工的态度，如果员工认为这是件重要的事情，那么你也应该以重视的态度去处理，否则就是在激化矛盾，让小问题变成大问题。

所以，你千万不要害怕听到员工的抱怨，所谓“小洞不补，大洞吃苦”，如果不能在萌芽阶段就消除抱怨的话，那么你将不得不承受更加严重的局面。

懂得向员工放权，给员工做事的机会

第一次当主管的你也许认为多操心、多做事，是事业心和责任感强的表现，但需要掌握好你操心、做事的“度”。

在团队中，如果把主管比作坐在帐篷里运筹帷幄的统帅，员工就是供主帅指挥调派、上阵冲杀的士卒。

在这对关系中，如果身为统帅的你事必躬亲，不向员工放权，让他们自己发挥才能，那么你就不得不亲自捉刀跨马，代替士卒去上场厮杀。结果，肯定是主管的工作没做好，替员工做的事情也做不好。

而且，如果什么事都需要你这个主管仔细过问才行的话，那还要员工做什么？

懂得向员工放权，给员工做事的机会，是你作为团队主管的一个基本要求。否则，你只能把自己累死，员工却不领你的情。

达利·桑德罗在葡萄牙的首都里斯本开设了一家私人导游公司，手下管理着近百名员工。他每天的工作除了应付数不清的报告和文件，还需要抽出时间来召开月会、周会，或是临时接待客户、应付同行等活动。

因此，他经常抱怨说自己是“劳碌命”，感叹自己即使再多长几双手、多长几个脑袋，也不够应付这些数不清的工作。

每天从走进办公大楼的那一刻起，达利·桑德罗就被等在电梯口的员工团团围住，一个接一个地拿着提案等他拍板，等他终于能在办公室里歇一会儿的时候，已经到了午饭时间。

这样的生活让达利·桑德罗实在难以忍受，终于有一天，疲惫不堪的他累倒在了办公室。

许多主管喜欢大权紧握的感觉，喜欢把大小事情的决定权掌握在自己手里，把员工视作只能执行命令的“机器人”，结果自己整天忙得团团转却始终不见成果。

三国时的诸葛亮为了蜀汉的复兴“鞠躬尽瘁，死而后已”，结果下面的臣僚却鲜有施展才能的机会，导致诸葛亮之后能臣良将匮乏，让蜀汉成为三国中最先灭亡的一方。

实际上，这与诸葛亮不善于授权有很大关系。

更何况，团队的发展壮大并不能只靠你或几个骨干就能实现，必须依靠所有的团队成员共同努力才能实现。

身为主管的你事必躬亲，必然会扼杀员工的工作积极性，浇灭他们发挥个人才能的热情。时间一长，员工就非常容易变得怠惰，责任心也会大大降低，最终造成团队上下权责不清、消极怠工的局面。

所以，要想团队能发展壮大、有序运行，首先需要第一次当主管的你重视员工，给他们创造发挥才能的空间，而不是着重表现你的个人能力。

如果你过分强调个人能力而忽视了团队的作用，忽视了建设保障让授权的制度和机制，就会导致出现“个人英雄主义”“明星员工效应”等危害团队稳定的现象。

要注意考察员工的工作能力，看清楚哪些员工适合放权，哪些员工不适合放权，以及对于那些可以放权的员工下放多大的权力等，以使你的团队管理有的放矢，不使局面失控。

放弃头脑中的那些对员工的担心！如果始终担心员工会不如自己的预期，会把事情办糟，会需要自己不得不再去收拾残局，那你就永远难以做到真正的“放权”。

最终，你仍会是团队中最辛劳的那个人，就像达利·桑德罗和诸葛亮一样，只能“鞠躬尽瘁，死而后已”。

当然，很多团队主管有向员工“授权”的想法和意愿，却一直不知“如何授权”。真正向下授权确实不容易，但主要原因还需要从身为团队主管的你的身上找，是不愿授权还是不懂授权？

问题的答案，只有你自己知道。

与其辛苦地依赖自己的力量，不如借助员工的力量来完成

著名管理专家旦恩·皮阿特认为，能用他人的智慧完成自己的工作的人，才是伟大的。要想实现它，第一次当主管的你就要学会如何适当“授权”。做到了适当“授权”，才能尽可能地调动员工的积极性，调动员工发挥个人潜能的热情。

但是，“授权”并不是简单说说就能实现的，授权者必须学会授权的“艺术”。

尤为重要的是，授权者找到的授权对象是否适合，以及如何正确授权给他。这将直接关系“授权”的效果。

在一个企业里，一个人即便有才华，如果不能获得适合的、能发挥其才能的舞台，他也只能当个没有“用武之地”的“英雄”。

所以，第一次当主管的你必须有驾驭员工的能力，对每个员工都了如

指掌，并能根据每个人的情况，为他们匹配最能发挥才能的位置，实现“人尽其才，物尽其用”。

“合适”永远比“优秀”更重要，“人事相配”是发挥团队优势的基础。

第二次世界大战期间，由于战争需要，某参战国临时组建了一支由各行各业人员组成的军队。在他们当中，既有大学教师、机械工程师、政府办事员，也有泥瓦匠、小饭馆老板、裁缝铺学徒，甚至还有消防员、小提琴手、汽车修理工等。

经过简单训练后，这支军队的一个小分队奉命到一个小岛上驻守。一到岛上，这些人就全都行动起来，能搭帐篷的搭帐篷，能做炊食的做炊食，能修工事的修工事，总之是各自发挥自己的专长。

几天后，小岛遭到了敌人的攻击。面对枪林弹雨，大学教师和小饭馆老板显得手足无措，消防员和汽车修理工则临阵不乱，熟练地用手中的武器击退敌人的进攻。

大学教师受过高等教育，掌握了一般人不具备的学识，但他的才华到了战场上就没有了用武之地，打起仗来还不如一个汽车修理工。

这说明，只有把人才放到合适的位置上，才能既满足岗位的要求，又发挥他的个人才能。如果让木工去砌墙，让泥瓦匠去设计图纸，肯定不能得到理想的结果，同时又打击了员工的积极性，影响团队的士气。

想要实现“人尽其才，物尽其用”，就要对员工给予完整的评价。你需要员工诚实、坦率地告诉你，他们喜欢的工作内容、对新工作内容的期望等。然后，你要召开专门会议，让所有员工评价相互之间的合作以及对彼此的印象。

你还需要了解工作的实际内容和员工完成工作的速度，对他们进行细致、深入的了解。如果有员工能深切了解自己，甚至比你对他的了解还要深入，那么他就具有担负重要工作的才能和智慧。

在实现了对所有员工的深入了解之后，你就可以给他们分配工作了。

收大权放小权，挖出员工潜力

在团队管理中，“授权”其实是件非常困难的事情。虽然很多人都知道所谓的“授权”是怎么回事，如美国管理大师丹·柏秉斯基所认为的——“用最简单的话来说，‘授权’就是把一个宏观的发展蓝图划分成适当数量的拼图，然后把与这些拼图相关的工作分配给其他人”——但还是不能做到“授权”。

很多主管都感觉自己找不到适合的“授权”对象：有的员工是能力不够，有的员工是没有担当。总之，是多种原因导致了他们不能授权的局面。

尽管如此，“授权”仍然是身为主管的你不能放弃的事情，因为放弃了“授权”也就意味着放弃了对人才的培养。

一家电脑公司的业务部门主管查理·豪，受上司派遣到国外出差10天。查理·豪平时做事很仔细，什么事都亲自下命令，并一一验收成果。

虽然他手下有好几个员工可用，但他从不将需要负责的工作交给他们做，因为查理·豪认为“他们做事没有效率”。

对于他不在的这10天，团队中会发生什么样的事情，查理·豪觉得很难想象。

于是，他将出差前能处理的事全都处理完，然后又将可能在10天里发生的事情全都写在笔记本上，才动身出国。但是工作上出现的一些问题，致使原本打算的10天行程，延长到了一个多月。

查理·豪一直担心他的那些“不值得信赖的员工”，会在这段期间里做些什么，所以就利用工作间歇通过国际电话、电报与员工们联络，然而好像总不能像当面说那样清楚。这让他不免担心，当他回到公司后，团队是不是已经乱套了呢?

当他终于回到了团队中时，发现他的那些“不值得信赖的员工”的工作，完全没有因为他的出差受影响，反而在他的行程被延长后，表现出了更加强烈的责任感。

这些平时极其依赖查理·豪的员工，各自负起了各自的责任，一起处理团队内的事情，所以即使身为团队主管的查理·豪不在，各项事务依然顺利进行。碰到实在难以决定的事情了，员工们就互相商量，然后再去请示相关领导决定。

可见，即使团队主管临时缺席，团队业务也不会陷于停滞。之所以许多主管会生出“员工不值得信赖”的意识，其实正反映出他们对员工能力的不信任。

从查理·豪的经历来说，他在团队日常管理中的临时缺席，正好给了员工发挥个人能力的机会，并且没有了他的指挥安排，员工们对待工作的热情更高，投入度也更大了。

看到上面的这则小故事，第一次当主管的你是否已经得到了一些启示呢?

美国管理学家泰罗曾提出了一个“例外定律”：为了提高效率和控制大局，主管往往只需保留处理例外和非常规事件的决定权和控制权，例行的和常规的权力则应由员工们分享。

由此可见，管理的秘诀在于合理的“授权”，也就是身为主管的你，为了帮助员工更好地完成任务，应当将一部分权力和相应的责任下放给员工。

在为员工“授权”的过程中，你需要注意以下几个方面的问题：

·要将更多的“实权”授予员工，而不是让员工多次去做零碎的、次要的事情，避免员工生出厌烦的情绪；

·明确员工可以行使的权力范围，尽量不要出现权责不清的情况，以免员工认为自己拥有所有的权力，导致不必要的问题；

·尽管员工的权力是你“授予”他的，但一旦授予就不能随意收回。这就要求你在决定授权之前就对员工的能力进行全面的考察；

·向员工授予权力时，也要清楚地说明他的权责边界，以免出现了问题，导致与员工之间产生冲突；

·向员工授权，不应被当作你逃避主管职责的方式。对于一些主管来说，向下授权恰是被当作逃避主管职责的方式的，然而因此引发的后果是员工的能力无法解决的，最终还要由主管去处理。

既向员工授权，也进行适当的约束和监督

你是否经常见到这样的团队呢？团队由一个非常能干的主管和一群普通的员工组成，无论处于草创阶段还是成熟阶段，主管都是绝对的指挥者和执行者，事必躬亲，每天都把自己搞得筋疲力尽，然而无论是团队还是员工的发展，都基本处于停滞状态。员工们习惯了被束缚手脚的状态，都习惯了由主管做每一项决定。

第二次世界大战期间，有个人问一位将军：“什么人适合当将军？”将军答道：“聪明而懒惰的人。”

对于第一次当主管的你来说，一定要记住你是整个团队的“将军”而非“士兵”，是“决策者”而非“执行者”。

只有你先解放了你自己，不要在琐碎的事务中纠缠，才能给自己赢得更多的时间，去思考、处理更重要的事情。

需要注意的是，将权力下放给员工，并不意味着就此丧失对员工的管控。所以，在你向员工“授权”的同时，也需要建立与其适合的约束机制——“约束”与“授权”并存，缺一不可。

权力总是与责任相辅相成的。在向员工授予权力的时候，你也需要明确相应的目标和职责，建立防止权力滥用的反馈和控制机制，尽可能保证员工在制度的框架内，受到适当的约束和监督。

就像“唐僧取经”团队，作为主管的唐僧将执行任务的权力交给孙悟空，同时也把“紧箍咒”戴在孙悟空的头上。孙悟空的能力再强，也需听从唐僧的教诲，经受“紧箍咒”的约束。

这不是一种无关乎是否“信任”员工的行为，而是为了能规范员工的行为，使其在团队的制度框架内行事的行为。至于为了实现目标采取什么样的创新性思维，作为主管的唐僧则不予干涉。所以，孙悟空才可以百般变通、不拘一格地完成任务，保护着唐僧一路安全地到达西天。

“授权”之后，主管需要成为员工的协助者，为员工提供必要的支持，用自己的能力弥补员工在能力、资源等方面的不足，确保员工能够按时、高效地完成工作任务。实际上，这也是为了确保员工的工作能保持在可控的范围内。

一个优秀主管也会与员工保持适当的距离，只有在员工需要帮助的时候，才进行有限的参与或干预，而不是实时地关照员工的工作进度等，对员工的具体工作指手画脚。他会针对员工能力上的欠缺，以身体力行的行为，支持和鼓励员工发挥他的个人潜能。

还有一些主管总会以自己的处事原则去衡量员工的行为，当出现员工行事不是按照自己的想法执行的情况，那么即使是员工完成了工作，主管也会怀疑员工是否做到位了。

这样的主管，其实是没有明白自己的责任与使命，或是把“干涉”当成了对员工的“约束”手段了。

某公司拿下了一个新项目，并为此筹建了一个项目小组直接负责该项目的实施。员工小陈因为一直以来突出的工作成绩，被公司领导任命为项目组的组长。

就在小陈和他的团队成员准备大干一场的时候，公司领导却推翻了小陈的多个方案，认为小陈的工作安排不可行。

不仅如此，公司领导还经常当着项目组其他成员的面批评他，要求项目组成员直接向公司领导汇报项目的具体事项。

这让小陈很郁闷，感觉自己每天辛苦地工作都是为了满足领导的想法，一点自主权也没有，只要与领导的想法有所偏差，就会招致否决甚至批评。大家的努力只换来了公司领导的否定和批评，致使整个项目进展非常缓慢。

不仅如此，项目组的其他成员都搞不清楚到底是该听谁的，时间久了，小陈这个项目组长也变得形同虚设，工作很难继续开展。这种状况让公司领导更加着急，经常安排大家加班，搞得公司上下焦头烂额、满腹牢骚。

最终，小陈被公司领导认为领导不力，被撤掉了组长的职务，整个项目也陷入了停滞。

很显然，公司领导并没有摆正自己的位置，也没有搞清楚自己的职责，不信任员工，且对员工的具体工作内容干涉过多，才导致员工没有了自由发挥的空间。结果，小陈每天的工作完全是满足公司领导的意图，而不是项目进度本身。

这样的团队管理方式，实在是对人才的肆意损害和漠视。

只下达 80% 的指令，剩下的事情任员工自由发挥

第一次当主管的你要想成为一名合格的主管，就要在很多问题上有所选择。比如在工作中，你是否要为员工做不好工作而担心，进而将一件事的全部过程都对他说明呢？

要成为一名合格的主管，你只需向员工下达80%的指令就可以了，剩下的部分可以任由员工自由发挥。

就一件事情而言，或许你也不会知道完成它的所有方法，只下达80%的指令也是保护员工思考力的一种有效方法，激发他的更多潜能。

法国农学家安瑞·帕尔曼切曾被关押在德国的集中营，其间觉得土豆味道甘美。得救之后，他决定在自己的家乡种植土豆，但遭到不少人的反对。

一些迷信宗教的人把土豆视为“鬼苹果”，一些医生认为土豆对人体有害，甚至一些农学家也断言：种植土豆会导致土地贫瘠。

怎样才能使土豆顺利地推广呢？

1789年，帕尔曼得到了国王赠予的一块劣质土地，其他的事情则需要自己想办法。于是，帕尔曼在这块土地上栽种了土豆，到土豆快要成熟收获的时候，他请求国王派一支军队来看守这片土豆，让这片土豆成了受军队保卫的“禁果”。

这让人们都感到非常奇怪，每天晚上都有一些禁不住诱惑的人悄悄跑来，偷挖些“禁果”带回家。大家尝到美味的土豆后，又将偷出来的土豆移植在自己的菜园里。于是，土豆便在法国推广开来。

帕尔曼在法国推广栽种土豆的做法，是充分利用了人们的好奇心，取得了很好的效果。他用国王给的一块土地，用自己的办法完成了推广栽种土豆的目的。法国国王的做法，就给了善于思考的帕尔曼以充分发挥的空间。

让员工保持独立思考的能力，也就意味着你要有不怕员工犯错的勇气。很多员工都会希望把事情做好，以获得上级领导的肯定和认可。

并且，犯错也并不意味着是坏事，如果为了避免犯错而什么事都不做的话，即使有再好的决策也难有成果。因为害怕犯错而不敢放手让员工去做，到头来也只能是一场空，更别提锻炼员工的独立思考力了。

做到不怕犯错确实是比较困难的，因为人们从小就养成了思维定式：学校根据学生们选择正确答案的能力评分，并惩罚答错者；几乎所有的组织团体都会制定惩罚失误者的规则，而不惩罚那些服从命令的人。

这样，很多人就形成了对“犯错”的恐惧心理，全都竭力避免犯错，以使自己处于免遭处罚的位置上，即使是在执行的过程中抹杀自己的创造性。

1956年，美国福特汽车公司推出了一款性能优越、款式新颖、价格合理的新车，但市场反响平平，完全没有达到预期的销售效果。销售部门的经理们焦急万分，绞尽脑汁也没有找到能让产品畅销的办法。

刚毕业的见习工程师艾柯卡决定尝试一下。他的上司知道后，向他提供了新车的部分信息和一些建议、做法，剩下的事情建议由他自己去做。

艾柯卡是个有心人，不停地思考让汽车畅销的办法。有一天，他径直来到经理办公室，向经理提出了一个创意——在报纸上刊登广告，标题为"花56元买一辆56型福特汽车"。

艾柯卡建议，凡是购买1956年生产的福特汽车的客户，只需先付25%的货款，余下部分可按每月支付56美元的办法分期付款。

这的确是一个很吸引人的创意，公司采纳后取得了显著效果，很多人都向福特汽车公司打听这则广告的详细内容。这则广告深入人心，打消了很多人对车价的顾虑，并创造了一个销售奇迹。

艾柯卡的才能也受到了赏识，不久就被调往华盛顿总部，被任命为区域经理，最终在福特公司坐到了CEO的位置上。

可见，你想让员工从团队中脱颖而出，为团队做出更大的贡献，就必须给他犯错的机会。如果你只给他80%的指令，剩下的事情由他自己自由发挥，相信会有很不错的结果。

话不说完，让员工去独立思考

每个人都有一定的好奇心，对令人疑惑的事情保持关注。

对于人们的好奇心，心理学上有这样的解释——它是个体在遇到新奇事物或处于新的外界条件下所产生的注意、操作、提问等心理倾向。它源自心灵上产生的“饥饿感”，也没有人可以抵挡住它的诱惑。

《哈利·波特》是英国作家J.K.罗琳的著名作品，其实在创作《哈利·波特》第一集的时候，J.K.罗琳就已经为后面的持续创作埋下了伏笔。各集环环相扣，矛盾迭起，险象环生，吸引着读者去猜测、幻想、推理故事的下一个情节，产生对下一集的期待。

造成这种状况的，便是我们的好奇心。《哈利·波特》的走红，深刻地说明了“好奇心”的重大影响力。

对于那些有疑义的、不确定的事情，人们总是会在猎奇心理的驱使下，一点点地探寻真相，如果没有找到足够说服人的理由时，他们就会认为这件事是假的；如果可以亲自去验证，他们中很少有人会放弃这样的机会。

如果将这样的心理机制用到团队管理上，一旦第一次当主管的你激起了员工的好奇心，也就等于抓住了员工的注意力，让员工对你所指定的方向、内容产生持续的兴趣。

员工在持续的好奇心的驱使下，便能不需要你催促就去自主地寻找答案，了解更多的信息，增强自己解决问题的主观能动性。

所以，身为主管的你只需告诉员工一部分信息就可以了，但这部分信息一定是员工在工作中用得到的。保留的信息也应是他之后的工作可能会用到的，千万不要将他之前可能会用到的信息留到以后再告诉他，让员工白白做了不少无用功。

在传达信息的时候，你可以通过幽默的方式，将想要传达的信息简明扼要地传达给员工，同时将信息中的一两个关键点留下不说，激发员工自我探索、积极思考。

在你提供的适量信息的基础上，员工会启动自己的大脑，搜集各种有利于目标达成的信息，让大脑始终处于一个信息加工的最佳水平。

英国心理学家丹尼尔·伯莱因认为，若我们提供的信息量过多，超过了人们信息加工的最佳水平，反而会让听者感到疲惫，不愿再去考虑。

因此，在向员工分配项目或安排工作时，你尽量不要过于细致，否则只会让员工心生厌恶，丧失积极探索的兴致。

第六章
激励团队的工作热情

尊重员工，是回报率最高的感情投资

在对员工的管理中，第一次当主管的你一定要兼顾情理。否则，再细小的环节也可能引发大问题，不仅损害你的个人形象，还可能招致员工的不满，影响团队的正常管理。

从心理学上看，人性中最深切的心理动机是得到他人的尊重、肯定和赏识。如果在团队管理中漠视这个根本动机，漠视员工的内在渴望，就难以提高员工的积极性，团队就可能因此丧失团结，变得形如一盘散沙了。

不懂得尊重员工的主管，也难得到员工的真心尊重。

哈佛商学院的教授罗莎贝斯·坎特认为，尊重员工是人性化管理的必然要求，是回报率最高的感情投资。

中国大酒店是在中国大陆开办的第一家中外合资酒店。创办之初，酒店里发生了一件小事，体现出了中外在管理理念上的差异。

当时，一位外方部门经理检查客房时，不仅检查了地面、窗帘、浴室，还伸手四处摸寻，发现一切都打扫得干干净净，没有任何灰尘，床也铺得很整齐。这让他很满意。

随即，他就发现了一个严重的问题——茶杯的朝向错了——茶杯上的“中国大酒店”几个字朝向了别的方向。

按规定，杯子上“中国大酒店”五个字应当是朝向门口的，客人一进门就能看得见。另外，火柴盒也没有放在烟灰缸的后面，而是放在烟灰缸旁边。

这让外方经理非常恼火，就当众斥责了当时的服务员小温，说她工作粗心大意、不负责任、不懂规矩。

小温是一位18岁的广州女孩，刚入职不久，受不了被人当众斥责，便与外方经理顶撞起来。她说：“这仅仅是一点小事，并不影响酒店的服务质量，客人也不会计较，你分明是鸡蛋里挑骨头，小题大做，欺人太甚。”

结果，这件小事引来了一场冲突，这让受了顶撞的外方经理也很难过。他找到中方经理交换看法，中方经理诚恳地说：“在我们中国的社会制度里，上级是人，下级也是人，大家的关系是平等的，唯有对员工满怀爱心、循循善诱，员工才能接受你的批评教育。她们不习惯生硬的训导，总以为只有资本主义国家才会这样对待工人。”

外方经理恍然大悟：“原来我们在管理方法和思想观念上，存在着差异。我不了解中国国情，只是就事论事，见她粗心大意，根本没有品牌意识，情急之下没有注意工作的方式和方法。”

他反思了一夜，第二天就出现在小温正在清洁的客房，让小温不禁有些愕然。

他们不约而同地望向茶几上的茶杯，茶杯摆正确了。一瞬间，他们相视而笑，仿佛昨天的“恩怨”已一笔勾销。

外方经理对小温说：“我昨天在众人面前大声斥责你，伤了你的自尊心，这是我的不对。但是，杯子的摆法非讲究不可。”

从品牌管理的角度看，将“中国大酒店”五个字摆在显眼位置不是一件小事，而是通过细节传达酒店品牌形象的大事。

外方经理寓理于情的态度令小温感动，在短短的几分钟里，他重新赢得了小温的尊敬。从此，小温格外注意这样的细节，在认真里面又多了一种自觉。

后来，酒店针对上级批评下级的态度和方式以及如何做好督导、如何解决冲突等，进行了专门的培训。

酒店文化在差异和冲突的调解中得到提炼，一次次积淀下来。

第一次当主管的你要明白，管理团队意味着要不可避免地直指员工的错误行为，同时也要明白，在指出员工工作错误的同时，也应该保护员工的自尊心。

如果你能指出错误又不伤害员工，不进行人身攻击、不否定他的过去和将来、不用戏谑的言语，也不干涉他的私人事务，员工也就能平静地接受你对他的指正了。

所以，指出员工的工作错误是一回事，夹杂着个人情绪甚至是蓄意贬低的指责又是一回事，前者会解决问题，后者则会激化矛盾。

总之，要想在团队管理中获得理想的效果，就必须首先做到尊重员工，注意做事的方式、方法。

将你的热忱和经验，融入与员工的谈话中

第二次世界大战期间，面对德国人的进攻，时任英国首相的丘吉尔通过一场振奋人心的演讲，鼓舞了英国人民与德国法西斯斗争到底的意志。

后来，据丘吉尔的秘书回忆，在正式演讲之前，丘吉尔曾在他面前进行过一次试讲，用他的话说，当时的丘吉尔“哭得涕泗横流，像小孩子一样”。

人都是有感情的动物，著名演说家李燕杰就曾说过，不管是演讲还是任何一种艺术活动，只有真实情感才能让人生气、让人快乐，只有真情才能让人怜惜、让人信服。作为一个表演者，想让观众动情，第一步也是最重要的一步，就是先让自己动情。

戴尔·卡耐基认为，“将自己的热忱与经验融入谈话中，是打动人的速简方法，也是必然要件。如果你对自己的话不感兴趣，怎能期望他人

感动”。

可见，要想感动别人，首先需要感动你自己。

感情和感觉，被誉为“人性的基础”。第一次当主管的你与员工沟通时，想突破员工的心理防线，让员工同意你的观点，就要用你的真情实感去打动他。这是最好的方法。

圣诞节快要到了，朗力公司的行政主管杨·凯维尔悄悄吩咐秘书去订做了一批纯金西服别针，做工精良，并在圣诞节前夕分别寄到朗力公司每位员工的配偶手中，就连公司的老门卫托玛逊的太太，也在圣诞节的前几天收到了一枚纯金别针。

有人问老门卫得到这枚别针时是什么感觉，他说：“那是圣诞节的前几天，我像往常一样下班回到家。一开门，我的妻子就从房间里冲了过来，搂着我就是几个狂吻，并大声说：‘汤姆，你真棒！’她的眼睛里还闪着泪花。我不明白发生了什么事，妻子激动地说：‘汤姆，你看看桌子上是什么？’我看到桌子上放着一个精致的小盒子，盒子里摆放着一枚金光闪闪的别针。”

除了纯金的别针，托玛逊还在盒子里发现一张小纸条，上面写道：

尊敬的托玛逊太太：感谢你一年来对托玛逊先生工作的全力支持，使得朗力公司的工作取得了很大成就。我谨代表我个人向你表示最衷心的谢意。

杨·凯维尔

公司领导的信任与尊重，让托玛逊的心里充满了暖意。收到别针的那天晚上，他和妻子边喝酒边聊天，聊的话题就是明年该如何做才能不辜负公司的期望。托玛逊决定只要公司一天不辞退他，他就尽最大的努力做好自己的工作。

看到了吗？杨·凯维尔用真挚的情感，与员工的家属建立起了融洽的关系，实现了对员工的自然激励。

有了家人的支持和期待，员工与团队的简单联系就会变成家庭与公司的紧密联系，也让员工建立起对团队的高度忠诚。

我国近代思想家梁启超说：“天下最神圣的莫过于情感。用理解来引导人，顶多能叫人知道哪件事应该做，哪件事怎样做，但与被引导的人到底做不做，没有什么关系。有时所知的越发多，所做的倒越发少。用情感来激发人，好像磁力吸铁一般。有多大分量的磁，便引多大分量的铁，丝毫容不得躲闪。所以情感这东西，可以说是一种催眠术，是人类一切动作的原动力。”

当然，杨·凯维尔的方式并不适用于所有人，很多主管则是要通过与员工的日常交流感染他们。

想要打动员工，首先要注意自己的措辞，尽量不要用说不到人们心里去的抽象话，必须实在一些，多聊一些员工的生活近况。

表情也要到位，要让员工产生你的确是在关心他们的感觉，从而产生对你的认同感，接受你的意见。

与员工实现真正有效的“互动”。这种“互动”不是传统的“上对下”的沟通方式，而应该是基于对团队的贡献进行的讨论。

你可以提议员工从主管角度考虑团队建设问题，或是向员工询问需要什么样的帮助，这将有利于在你与员工之间建立起“互动式沟通”，帮助你结成与员工的良好人际关系，为团队管理服务。

“唤醒”员工的“沉睡”潜能

著名管理大师彼得·德鲁克说：“所谓领导，就是要把一个人的眼界提到更高的水平，把一个人的成就提到更高的标准，让一个人的个性超越他平常的限制条件。”

因此他认为，只要有正确的领导方法，就能发掘出员工的无限潜力。

著名科学家爱因斯坦认为：“与应有的成就相比，每个人只能算是‘半醒者’，大家往往只用了自己原有智慧的一小部分。”

因此，如果将员工称作“千里马”的话，那么一个优秀主管就应该充当“伯乐”的角色。第一次当主管的你不但要学会如何识别一匹“良马”，还要有鞭策他们的能力。

所以，你要成为能鼓励和激励员工，让他们了解自己的潜能并能善加利用、发挥最大功效的人。

一家游戏软件的企业总裁汤姆森打算开发网络游戏，如果开发成功，预计将得到2000万元的销售收入，开发失败则会是血本无归。

新网络游戏是否会成功，关键就在于负责技术研发的员工能否全力以赴地完成开发任务。如果这些员工能全身心地投入工作，就能有80%的成功可能，这款游戏的市场价值将达到预测的销售收入。如果他们只是敷衍了事，这款游戏的成功率可能只有60%。

对负责研发的员工的激励措施，这时候就变得非常重要了。如果员工只能获得500万元的报酬，他们可能就会得过且过、敷衍了事。要想获得他们的高质量表现，汤姆森就必须付出700万元的酬金。

从最终的收益来看，如果仅付500万酬金，市场销售期望值为2000万×60%=1200万，减去500万酬金，汤姆森的期望利润将为700万元。如果付出700万酬金，市场销售期望值为2000万×80%=1600万元，减去700万酬金，汤姆森的期望利润将为900万元。

然而，汤姆森并不能从负责研发的员工的表现中，判断他们是否尽忠职守、兢兢业业。所以，即使付出了700万酬金，员工也未必会尽心尽力地完成研发任务。

由此看来，一个良好的奖罚激励机制，对于保障团队的正常运行，确实是极为重要的。

汤姆森可以选择的最好方式，也就剩下了用游戏市场的反映来决定支付的报酬总金额了。

如果实现了市场部的预期目标，则支付给负责研发的员工900万元；如果没有实现市场部的预期目标，则需要全体研发人员向企业支付100万元罚金。这样的激励方法，也就能极大地提高员工的工作努力程度了。

这种方法实际上是过于理想而并不可行的——不可能有任何一个团队会通过罚金的方式，让员工承担市场失败的风险。

所以，应当尽可能地施行接近理想状态的奖惩制度，比如允许员工持股，让负责研发的员工与公司结成命运共同体。

从这个例子中可以看到，员工工作努力与否与良好的激励机制密不可分。

如果你想通过制定有效的激励制度激发员工的更多干劲，就要首先了解员工的需求，表现出对他的支持。这样才能促使员工做得更好，成长得更快。

做一个好听众，鼓励员工说说他们自己

第一次当主管的你可能会遇到与员工沟通困难的情况。面对这样的状况，应当如何进行沟通呢？

如果团队成员之间——不论是主管与员工，还是员工与员工之间——不能很好沟通的话，就会像原本通畅的高速公路上产生了拥堵，导致信息传递出现障碍，团队决策也将难以执行。

那么，你不妨看一看，是不是你们在“听”上出了问题。

有可能是你根本不想听。这也就意味着，无论对方说什么，你都没有听，尽管你可能是面带微笑地看着对方，甚至还假装点点头，实际上根本没有听进去什么，而是在想应当如何回答他才能让他同意你的想法。

也有可能是你带着主观意识去听的。这也就意味着，早在对方开口之前，你就已经对他这个人下了判断。

所以，无论他说些什么，你都会对自己说“他就是这样的人”。这样，你也就根本不会在意他到底在说些什么了。

还有可能是因为你“不会听”。这种时候多是你忽略了对方的情绪，没有听出对方隐藏在话中的情绪。

其实，在沟通的过程中，沟通双方的情绪是非常重要的。如果你没有听出对方谈话时的情绪，而只是停留在对谈话内容的了解上，往往不会有理想的沟通效果。

再有一种可能是因为戴上了“有色眼镜”。如果是这样，你首先需要放下自己的成见，开放自己的内心去感知员工的情绪，听清他说的内容。

这些可能性的存在，都会让作为团队主管的你与员工之间产生隔阂，甚至激发非常严重的矛盾。

几年前，一个人收购了一座工厂。在正式交接时，这座工厂的卖家说：“我很高兴能把它脱手，职工的态度越来越强硬了，一点儿也不感激我多年来对他们的照顾。听说他们还准备成立工会，我实在是不愿意和工会打交道。”

买下这座工厂的这个人则是将所有职工召集起来，坦诚地召开了一次会议。他说：“我希望你们在这里工作是快乐的，告诉我怎样才能办到呢？”

他几乎问到了工厂里的所有职工，结果发现，他只需要提供几项小福利，如：现代化的浴室设备，在更衣室里装一面镜子，设立一个小型的职工超市等。于是，他就按照职工的需求提供了相应的服务，赢得了职工的较高满意度。

可见，要实现真正的“沟通”，必须知道“说什么”“何时说”“对谁说”以及“怎么说”这四个要素。

尽量减少沟通的层级，可能会是一种帮助你与员工有效沟通的方式。你们还可以进行一对一形式的交流，并由员工确定交流的主题。

总之，只有真正把自己放在一个好听众的位置上，用心去倾听，才能发现员工的渴望，实现对员工的激励。

使用对方的语言沟通，与对方取得更多共识

第一次当主管的你在团队管理中，总免不了会遇上一些容易情绪化的员工，他们可能会因为工作中的一点小挫折就变得狂躁不安起来。

对于这样的员工，你可能会觉得跟他讲道理实在是太难了，而且看起来他也懒得去琢磨你所讲的道理。

情绪化的人一般脾气都较大。与容易情绪化的员工交流时，你首先要去理解他的情绪化行为的缘由，这对你与他的交流会有所帮助。

通常而言，情绪化的人具有三个共同特点——对控制权的过度需求、力求正确的需求、力求胜利的需求。

他会把大多数情形视同为一种竞争，一旦决定要夺取胜利，就会经常表现出一种胁迫性行为。

与这样的员工沟通，你要以减少无效沟通带来的紧张感，将讨论引向

富有成果的方向上作为自己的目标。

为了实现这个目标，你需要首先学习一些沟通技巧，保持稳定的情绪。

首先，你要认识到，这些员工的情绪化反应，通常不是针对你个人，而是针对事情做出的表现。

所以，在沟通之前，你应当适当地允许、引导他发泄一下，以减弱他的言语的攻击力。不要在他说话的时候随意打断并妄加评论，也不要试图通过言语来消解他的愤怒。

其次，适时表达你对他的遭遇的认同也是非常有必要的。尽量做出“安全”的反应，以避免对方的情绪崩溃。

情绪化具有非常强的作用力，可能会让你与他的沟通偏离主题，所以仔细聆听以确定他的想法就显得非常重要了。

最后，不要试图控制与情绪化员工之间的说话节奏，也不要让他有你在试图控制他的感觉。所以，适时交出你们沟通过程的控制权，并使用建议性的表达，将有利于稳定他的情绪。

稳定了情绪化员工的情绪后，你们之间的沟通才能真正开始。

在这个阶段，你依然需要用他熟悉的语言，不要与他讲道理，这都不是情绪化员工熟悉的方式。

管理大师彼得·德鲁克说，当我们对木匠说话时，我们要使用木匠的“行话”。

所以，要想取得高质量的沟通，你需要使用通俗的、对方能理解的语言。

你不仅需要简化的语言，还要考虑到对方能否听懂你的话。所以，你必须以对方的语言来说话。如果你对双方都有所了解，才会沟通顺利。

德国著名剧作家华格纳说：“除了留心你的声音听起来如何，还要注意你所使用的字眼。如果你是个大量使用词语的人，要当心并非每个人都听得懂，可能很多人会觉得枯燥无味——即使他们同意你所说的主题。”

拜访过美国第32任总统罗斯福的人，没有一个不对他广博的见闻佩服得五体投地的。一位拜访过他的人曾说过：“不论来访的是勇敢的骑兵队员，还是政治家、外交官，罗斯福都能谈起适合对方身份的话题，彼此的交谈都十分愉快。”

他为什么能这样做呢？原因很简单，罗斯福知道有人来访时，就在前一天晚上查阅有关当事人的资料，所以不论来访者是大人物还是小市民，会谈时都能找到双方感兴趣的话题。

使用对方的语言沟通，才容易与对方取得共识。

在银行工作的艾伯森曾说起过这样一件事：

有个年轻的司机走进来要开个户头，我递给他几份表格让他填写，他断然拒绝填写有些方面的资料。

在我没有学习人际关系课程以前，我一定会告诉这个客户，假如他拒绝向银行提供一份完整的个人资料，我们是很难给他开户的。

但今天早上，我突然想，我最好换一种能改变他观点的沟通方式。于是我就对他说："就像是你行驶在高速公路上，你不交过路费，将不会被放行。"

听完我的话，这个年轻人居然笑了，对我说："看来我需要补上过路费。"

说完，他就把资料补全了。

可见，只有善于使用对方熟悉的语言，才能获得理想的交流效果，实现高效率的团队沟通。

称赞员工哪怕最微小的进步，并称赞每个进步

丘吉尔说：“人家有怎样的优点，就怎样赞美他。”第一次当主管的你是否会因为员工的一点点用心、一点点成绩而不吝你的赞美之词呢？

著名的《连线》杂志曾在乔布斯去世后，撰文道：“世界最想念史蒂夫·乔布斯的一件事情将会是他的嘴，尤其是他别树一帜的说话风格。”

乔布斯生前对员工的直接赞美并不多，对于苹果公司的产品却从不吝惜溢美之词。

其实，这是乔布斯在间接地赞扬自己的员工，毕竟苹果公司的产品无一不凝结着员工们的心血，只是在乔布斯这里转换了一种赞美的方式而已。

还有一件小事也发生在乔布斯的身上。20世纪90年代末，乔布斯打算与疏远多年的朋友杰夫·拉斯金重修旧好。

他没有直接去找杰夫·拉斯金，而是在一个晚宴上与其他人评价杰夫·拉斯金，说他不止在计算机方面有天分，而是在各方面都非常聪明。

这话很快就传到了杰夫·拉斯金的耳朵里，让杰夫·拉斯金感到很高兴，很快，他就与乔布斯重修旧好、握手言和了。

这两件小事，都彰显了“赞美”的巨大作用。无论是对于苹果团队的员工还是多年未曾亲近的旧友，乔布斯都巧妙地用“赞美”的方式，得到了更加紧密的关系。

赞美员工的用心、成绩、进步，除了能向他们传达对于他们的肯定外，作为额外的收益，你还可以获得一个“好人缘”。

戴尔·卡耐基认为：“如果要改变一个人而不触犯或引起他反感，那么请称赞他最微小的进步，并称赞每个进步。”

可见，热情地称赞员工取得的一点点微小的进步，将为你和员工带来极大的好处。

当你能看到别人的优点，并能把赞美运用在交流过程中，你的谈话中会很自然地出现“做得不错”“挺厉害”等话语，就能让别人爱听你说话，增进彼此之间的关系。

就像电影《甲方乙方》里，葛优对70多岁的老大娘说：“大娘，您有40了吧。”虽然这样的赞美显得有点儿夸张，却能让老大娘非常开心，在情感上拉近了与葛优的心理距离。

也许你不习惯这样的表达，对很多人来说却是非常实用的，被看作是对听话人的肯定、理解和欣赏。

通过赞美与团队中的某个人有密切联系的人、事或物等，可以折射出你对对方的赞美之意。通过表扬团队的某种现象，或团队所取得的成绩，则可以起到表扬整个团队或多个团队成员的目的，在最大范围内起到鼓舞整个团队士气的作用。

赞美员工并不是一件容易做到的事情，毕竟相比于言语上的赞美，很多主管更喜欢指出员工在工作中的问题。

如果你想激励员工，就必须找出员工工作中值得关注的细节，发现其中的意义所在，以此来练习如何称赞员工。

想让自己在赞扬员工时体现出独到之处，还应该平时就多留心观察、细心思考，找出员工工作中值得重视、称赞的地方，对员工的每一个微小的、值得肯定的进步，及时地予以赞美，激励员工不断取得进步。

学会道歉，让你的管理如鱼得水

在管理团队的过程中，第一次当主管的你并不能保证一直都在做正确的选择，总会有犯错的时候。在错误面前，你会是什么态度呢？

是掩饰自己的过失、将自己的责任推给别人，还是勇敢地面对问题、正视犯下的错误，甚至需要你道歉的时候也毫不犹豫地去做呢？

道歉，既不会花费太多成本，也不需要多么损害你的自尊，却能给你带来超过千万倍的回报，让你的管理如鱼得水。

没有了道歉，那你就可能难以意识到自己的错误，也就不可能在团队管理中有所改进。没有了道歉，你与员工之间就可能出现一道“鸿沟”，让你的管理毫无成效。

你需要注意自己的说话语气。在与员工的谈话中，不同的表达方式会产生不同的效果。

比如，“我想和你谈谈”和“正因为是你，我才想跟你谈谈”，前者会让员工产生你居高临下的感觉，会在心理上对你筑起防御，拒绝与你进行沟通；后者则会让员工放弃心理上的戒备，以积极的态度与你交谈。

在互动过程中，人们往往因为自己受到了对方的尊重，会在不知不觉间增进与对方的感情。从心理学角度看，一个人如果做了与他平日作风几乎完全相反的事情，往往能给别人留下深刻的印象，甚至是受到震撼。

也许在你的员工看来，你怎么会给他们道歉呢？怎么会为自己的错误行为道歉呢？所以，当你偶尔道歉时，常能激发出员工的许多情感，如感动、温暖等。

你需要明白，道歉不是要让你在员工面前“丢面子”，而是要讲究一定的方法，否则很可能达不到理想的效果。

你要清楚，道歉是为了修复你与员工的关系的。当你说出“对不起”的时候，关系其实就已经进入了修复进程中。道歉后，如果能再加上一句“我今后一定改正”，往往还能让你的员工忘掉你所犯下的错误，甚至可能是对他的伤害。

在道歉的过程中，辩解是最忌讳的行为。一旦你在道歉后对自己的行为进行辩解，不仅会让问题重新变得复杂，还会让道歉的效果大打折扣。

道歉之后，你还必须告诉员工自己将如何改进自己的错误，只是简单的一句“今后会改正”是远远不够的，只有你亲口告诉员工自己将在哪些方面做出改进。

即使在道歉之后，你仍要谨言慎行。因为员工已经知道了你正在准备改变，会自然地将注意力集中在你的身上，关注你的一言一行，致使你的任何一个行为都可能被放大。

因此，必须树立这样一个念头：你的员工现在就是挑剔的观察者、严苛的“选民”，所以要让自己时刻保持“惶恐”的状态，直到完全改正自己的错误。

对员工的不信任，才是最大的开销

每个人都有被重视、被信任的渴望。如果你能赋予员工必要的信任和决定权，将对员工产生强大的精神激励。

你可能会与员工在相处上出现一些问题，如觉得某个员工性格阴险狡诈，或者是背信弃义，这样的事情见得多了，甚至觉得没人值得信任。

但是，你有没有想过，自己是否给过这些员工足够的信任呢？你是否也值得别人信任呢？

只有当彼此之间结成了互信关系，“信任”才会产生力量，团队才会更加强大。

杰克·韦尔奇曾自豪地说：“我信任我的员工，他们也信任我。”

在他上任的时候，通用电气还是一个弥漫着官僚气息的庞大组织，韦尔奇认为：“领导管得少，才能管得好。”他把信任员工和充分授权看作现代管理的真谛，并将这个理念推广到整个管理层。

福特公司奉行“尊重、信任、放权”的用人之道，其中有一个“员工参与计划”，是说当一款车型投产前，公司会打破“工人只能按图施工”的规定，把设计方案摆出来，请工人提出改进的意见。

福特之所以会有如此的举动，是因为多数主管会只相信自己，甚至会经常干涉员工的工作。时间长了，员工就会被束缚住手脚，养成依赖、从众、封闭的毛病，丧失工作的主动性和创造性，最终拖垮整个团队和企业。

古语说的“用人不疑，疑人不用”，强调的是主管要充分信任员工，才能使团队拥有强大的创造力和凝聚力，这体现了主管对员工的巨大影响力。如果主管把员工当孩子看，员工就会像孩子一样行事。

然而，很多主管就是这样对待员工的：员工做任何事情前都必须向上申请，批准后才可行动。当员工做任何事情都需要上报审批时，这样的团队中就弥漫了一种“无脑文化”。于是，主管开始处处限制员工，比如禁止他们在上班时浏览与工作无关的网页。

其实这是毫无意义的，因为这段开小差的时间不会变成努力工作的时间，他们总会找出其他方法来消磨时光。

为了监管员工的行为，有的主管甚至使用各种监控软件和设备。如果你就是要这样做的话，你觉得这样的监管方式得花多少钱呢？

为此，你可能就需要设置一个职位，并为这个职位支付一笔费用。你打算支付多少钱给负责监督的员工，而不是投入到更有价值的实用项目中去呢？你想花费多少时间去编写可能根本无人理会的、森严的规章制度呢？

看看这些成本吧，你可能很快就会意识到：对员工的不信任才是最大的开销。节省这笔费用的最好的办法，就是尊重并信任每一位员工，不过度干预他们的工作。

当然，要做到这一点并非易事，因为它对员工和整个团队的能力、控制力、自我管理等综合素质的要求非常高。如果能坚持一直做下去，就会出现你所希望看到的好效果。

沟通是双向的，你得说员工听得懂的话

第一次当主管的你是否会非常认真地听取员工的建议，却还是觉得一些员工不能完全实现自己的意图呢？也许下面这个故事，能给你一些启示。

从前有个秀才家里需要些柴，于是他跑到市场上，看见远处有个卖柴人，便高声喊道：“荷薪者过来！”

卖柴人没什么文化，不知道秀才喊的“荷薪者”指的是什么，只是听懂了“过来”这两个字，就担着柴走到秀才面前。

秀才问道：“其价如何？”

卖柴人有点儿迷糊，只听得懂“价”这个字，于是跟秀才说：“两钱一担。”

秀才又说："外实而内虚，烟多而焰少，请损之。"（你的柴外表是干的，里头却是湿的，烧起来烟多火小，请减价。）

这一下子，卖柴人是一点儿都听不懂了，担起柴扭头就走了。

你从上面的故事里体会到什么了吗？很显然，问题出在了秀才不会用卖柴人听得懂的语言表达。

同样，与员工沟通的时候，你的表达方式也可能无法明确传达你的意思，并且你也没有找好谈话的对象和时机——不是员工没有好好听，而是你没有清楚、明确地表达。

员工没听懂却碍于情面不问，靠着三分猜度去做事，这样一来，自然也就无法达到你的要求了。

很多人都明白这样一个道理——沟通是双向的，然而很多时候却是只表达了自己的观点，并不考虑自己的表达方式是否适合对方，以及对方会有何感想。

如何避免再出现这样的情况呢？这需要你懂得如何表达自己的决策和战略。明确表达过战略和决策，且员工头脑中形成清晰的方向和构图后，团队目标才能更容易实现。

明确的主题和目标是沟通的关键。这决定了你必须清楚自己想要表达什么，传达什么信息。然后，你要找到合适的沟通对象，掌握对方的基本状态后再进行沟通。

沟通还需选择合适的时间，注意沟通时的环境氛围，注意保持良好的沟通态度，保持应有的尊重，坦诚地表达你的想法，进行一些适时的夸奖等。

一些沟通方式，如网络沟通、PPT沟通等，都是非常有效的方式，你可以根据情况自由选择。

请沟通对象在沟通过程即将结束时复述、确认，也是保证沟通效果的一个重要方法。员工能将沟通主题完整复述出来，才意味着你们之间的沟通产生了真正的价值。

经过这样的沟通之后，你就能确定员工是否要与团队一起实现目标，实现自己的价值了。

适当地给员工制造些压力

现代管理学研究显示，当员工长期处于没有奋斗目标、没有压力的环境中时，会变得碌碌无为且懒散，甚至产生对工作的抵触情绪。

所以，第一次当主管的你适当地给员工制造些压力，往往能令他们生出努力工作的不竭动力。

有“台湾经营之神”美誉的王永庆曾说：“研究经济发展的人都知道，为什么工业革命和经济先进国家会发源于温带国家。主要是由于这些国家气候条件较差，生活条件较难，不得不求取一条生路，这就是压力条件之一。”

他还认为，日本工业之所以发展得很好，与日本国内土地贫瘠、民众贫困的压力是分不开的，这也是自然的“压力”促成的。

王永庆认为台塑更是如此，几乎每一步发展都要忍受巨大的压力，一步一步地从艰苦中走出来。

美国麻省理工学院曾进行过一项实验：实验人员在南瓜刚刚生长的时候就用铁圈将其箍住，以此来测量南瓜能承受多大的压力。

实验的第一个月，南瓜承受了超过500磅压力，第二个月承受的压力就超过了2000磅，这让研究人员不得不加固铁圈。当研究人员测量到压力增大到5000磅时，南瓜皮因为无法承受巨大的压力，最终破裂了。

如果没有这个实验，我们大概无法想象南瓜竟然能承受如此大的压力。同样道理，一个身在顺境中的人，也无法想象自己到底能经受多大挫折。

所以，在团队管理中，如果你能适当地给员工制造一些压力，就能逼迫他们发挥出更多潜能来。

日本东芝公司对这种“压担子”的管理方法也推崇备至。当一个员工能挑50公斤的担子时只得到了30公斤或20公斤，不仅难以发挥员工的能力和创造力，也会极大地挫伤员工的积极性和主动性。

相反，当“担子”重量超过员工的正常负荷时，员工通常就会选择全力以赴，想方设法地提高自己。他会在主管的巨大期望的激励和鼓舞下，激发出“士为知己者死”的强大精神动力，不遗余力地投身于自己的工作。

如果第一次当主管的你能巧妙、明确地截断员工的退路，用严格的标准考核、要求员工，就能迫使员工发挥其最大的潜能。

如果因为自己是第一次当主管而降低了目标和要求，就可能把员工培养成温顺无害的绵羊，这是对员工最大的伤害！

当然，给员工的压力应当注意与他的承受能力相匹配，只有施以适当的压力，才能对员工有发挥促进的作用，否则就很容易走向反面。一个人的承受能力毕竟是有限的，如果压力太大、担子太重，迟早有一天会被压垮。

平衡好“加压”与“降压”之间的关系，是值得第一次当主管的你深入研究的问题。你也确实有责任帮助员工去控制压力，使员工能在愉快的状态下投入工作，创造出令人满意的工作效益出来。

引入外部竞争，让员工自己行动起来

第一次当主管的你或许会突然发现，团队中出现了人浮于事的状况，已经对团队产生了不好的影响，你会怎样应对呢？

要容忍他们吗？你的纵容和忍耐将有可能让他们变本加厉，直至最终拖垮整个团队。

要全部开除他们吗？这可能也并非最好的办法，因为你可能在解决这个问题的同时，又不得不去寻找新人，从头开始培训他们，浪费更多的资源。这无疑也是你所不愿见到的。

那么，你该怎么办才好呢？也许你应该使用“鲶鱼效应”来管理你的团队了。

挪威人爱吃沙丁鱼，不少渔民都以捕捞沙丁鱼为生。沙丁鱼只有活的才鲜嫩可口，所以渔民出海捕到的沙丁鱼如果抵港时还活着，就能卖出好价钱，要比死鱼高出好多倍。

渔民们想出了无数的办法，都没能让生性安静的沙丁鱼活着上岸。然而，却总有一条渔船能载着活的沙丁鱼上岸，所以收益颇丰。

原来，那条船上的渔民在沙丁鱼群里放进了生性好动的鲶鱼。鲶鱼是沙丁鱼的天敌，会不断地追逐沙丁鱼。

于是，在鲶鱼的逼迫和追逐下，沙丁鱼就会拼命游动，从而激发出身体内的活力，成活率大大提高。这就是著名的“鲶鱼效应”。

人也一样，也需要有竞争关系才能更好地活下来。就像一个团队中如果成员长期不变，就会因缺乏新鲜感和活力而变得怠惰，变得缺乏竞争力。

这个时候，施加一些外部刺激和压力，制造出一个竞争性的环境，就能让员工心生紧迫感，激发进取心，带动团队重新变得富有活力。奇虎360的CEO周鸿祎认为，竞争对手就像磨刀石一样，把我们磨得非常锋利。

人类之所以会努力成长，来源于实现自我优越的欲望，在工作中也就是为了赢得主管或上级的肯定和奖励的愿望。

当员工意识到竞争对手出现时，“鲶鱼效应”便会发生作用了。为了重新赢得主管或上级的肯定和奖励，员工往往会迫于可能的生存压力和自我优越感的丧失，表现出更加强烈的竞争性和更强的活力。

国内很多知名企业中都流传着这样一句话：“业绩都是比出来的。”意思是说，通过适当的比较，可以激发员工的好胜心和竞争意识，有了“比较”才会使员工产生超过别人、让自己变得更优越的想法。

促进员工的竞争意识，还需要设定一定的激励政策，如一些额外奖励之类，同时提防员工之间的竞争可能偏离良性竞争的轨道，出现不择手段的恶性竞争。

你还需注意员工竞争的性质，不能有失偏颇。他们是为了实现各自的“优越感”，所以你要坚持公正的态度，不能因为与员工的亲疏远近而有失公允。

“鲶鱼效应”在促进员工奋发努力的同时，也有一定的负面影响，比如被引入的“鲶鱼”在激情消退后，可能会变得与其他人一样。此时，你就不得不再去重新物色新的“鲶鱼”，来替代旧的“鲶鱼”了。

作为外来者的“鲶鱼”，还有可能被丑化、矮化，甚至会遭受其他人的敌意等。这些问题都需要第一次当主管的你考虑清楚，提前布局，防患于未然。

巧用“增减效应”，激发员工干劲

在人际交往中，人们最喜欢那些不断增加对自己的喜欢、奖励、赞扬的人，最不喜欢那些不断减少对自己的喜欢程度的人。心理学家将这种现象称为“增减效应”。

人们往往在经受一些小的挫折时，还能表现出比较平静的心态。但是，在经受从倍加褒奖到小奖赏再到不赞扬甚至贬低时，这种递减效应会让人受到较严重的心理冲击，会增加他的挫折感。

在团队管理中，“增减效应”随处可见。比如一个刚刚入职的员工，主管如果先是给他很高的评价，让他负责足够多的项目，然后再一点点地把项目分给别人并逐渐疏远他，这就会让他感到心里不舒服。

相反，如果一开始只是给他一项工作，然后再一点点地增加他的权力，给他越来越多的关注，这个员工自然会觉得自己受到了主管的重视，认为自己很受赏识，就可能表现出更多的工作热情。由此可见，不同的顺序确实会让员工产生不同的感受，表现出不同的工作状态来。

就像著名的英国作家查尔斯·狄更斯的经历。

19世纪初，狄更斯来到了英国首都伦敦。当时，他父亲因为欠下了巨额债务没办法还清而锒铛入狱。他是一个只在学校里学习了不到四年时间的年轻人，却一心希望成为伟大的作家。

尽管生活非常落魄，他的作家梦却从未熄灭。只是在残酷的现实面前，他的这个梦想看上去就像是被厚厚的冰层封住的火焰，让他表现得有些无能为力。

这让他非常痛苦。

为了填饱肚子，他不得不找了个为工厂贴标签的工作，住在一个破旧的小阁楼里，与两个来自贫民窟的男孩为伴。

“成为作家”的梦想时常泛起在他的心头，但想到自己的文笔，狄更斯还是感到有些无奈。所以，他只有当深夜来临的时候，才敢悄悄溜出门，将稿子投入邮筒。

很久，他都没有收到过一封采用信，但他仍然不停地投递自己的作品。

有一天，他收到了一封信，这封信告诉他，他的作品被采用了，而且非常诚恳地称赞了他的作品。尽管没有收到一分钱，他仍然觉得这封信给他带来的感觉，是再多金钱也无法实现的。

他无法掩饰心中的欣喜，跑出了屋子，在大街上奔跑起来。

此后，狄更斯奋发图强，不断学习，不断练习，最终成为了著名的作家，写出了《双城记》《大卫科波菲尔》等作品。

由此可见，第一次当主管的你要想坚定员工的信心，让他们不放弃，与其对员工进行无休止的金钱激励，倒不如利用“增减效应”，用肯定和赞美不断增加员工对你和团队的认同感。

员工希望自己得到主管的认可和赞美，这是员工努力工作的动力之源。有了成就感，员工才会觉得自己的价值得到了肯定，并会为增加这种价值感而不断努力。

所以，你若能巧用“增减效应”，定会给你的团队管理带来助益。

需要注意的是，并不是所有的情况下都可以用“增减效应”，一定要有区别地运用。

比如，当你给员工安排的工作明显超过了他的负荷的时候，就会导致员工的心理产生疲惫感。这个时候，你就不能再用“增减效应”来激励员工，而是要及时中止员工的工作，将原本许诺的假期提前，让员工感受到你的关怀，及时得到应有的休息。

员工可能对个人定位、工作定位不太清楚，导致你的任务分配出现混乱。

这时候，员工就会表现出不知道自己该做什么、不知道哪项工作该问谁、不知道该向谁汇报等现象。

此时，即使给予员工再多的赞美和激励，也终将无济于事，无法实现你想要实现的效果。

员工可能会有抱怨待遇不公的时候，这说明你的团队管理已经出现了让他难以忍受的不公平现象——在团队中，公平对多数员工来说都非常重要，这关系到奖金、绩效等一系列激励手段的实施。一旦员工感觉团队中的“公平”被打破，再多的激励措施都将失去作用。

著名心理学家杰丝·蕾尔说：“对于人类的灵魂而言，赞美就如同阳光一样，没有它，我们便无法健康成长。不过，我们大部分人只是敏于躲避他人的冷言冷语，却吝于将赞美的阳光给予他人。”

因此，学会巧用“增减效应”对员工进行赞美、激励，将对你的团队管理产生重要影响。

让员工知道、理解你的规划，用利益吸引他们的关注

如何精进你的团队管理手段呢？

法国思想家霍尔巴赫认为：“利益是人类行动的一切动力。”法国政治家拿破仑也认为，“利益”和“恐惧”是世界上可以驱使人们行动的两根“杠杆”。

因此，当你主动与员工分享利益时，你的团队管理将变得非常有效。

田中是一家日资企业的雇员，被派到中国分公司担任制造部门经理。一到分公司，他就对制造部门进行改革，很快就发现现场数据很难及时反馈上来，于是决定从生产报表上开始强化。

以日本母公司的经验为借鉴，他设计了一份几乎完美的生产报表，让工人们每天早上将各项生产数据填好后汇总给自己。当拿到第一份生产报表的时候，他很高兴，认为自己拿到了第一手的生产数据。

没过几天，田中就经历了一次重大的质量事故，但报表上却没有丝毫迹象，这让他发现，原来报表的数据都是工人随意填上去的。

为了强化工人对报表的重视，田中多次找工人开会，强调认真填写报表的重要性，但每次开会的作用都不大，只是在最开始的几天里有一定的效果，过不了几天又会回到原来的状态。这让田中怎么也想不通。

其实，田中遇到的是很多主管普遍都会遇到的问题。现场的操作工人，很难理解主管的做法。数据分析这样的工作距离工人太遥远了，大多数人只知道好好干活，拿工资养家糊口。不同的人站的高度不一样，所以单纯靠开会强调是没有效果的。

后来，他的一位中国朋友让他换位思考一下：假如你是工人，你会认真填写吗？

反复思考之后，田中将生产报表与业绩奖金挂钩，并要求干部经常检查，让工人们知道认真填写报表是与自己的切身利益有关系的。这才让他们重视起来。

从上面这则事例中，你是否得到了一些启示呢？

管理培训专家余世维认为，所谓管理就是让员工知道你的规划，理解你的规划，理解你的实施计划和要求，用利益联系你我他。

因为几乎每个人都有这样的心理：一件事情、一个项目乃至于别人说起的一条信息，只要是与自己的利益有关系的，就会立刻觉得它很重要，就会主动关注它，了解它的情况。如果发现自己可以从中获利，他们甚至会做一些平常不会做的事情。

不少主管也会遇到这样的问题：当他们向员工派发任务时，总会发现有的员工打不起精神，对任务目标甚至整个项目完全没有动力，也没有热情。

这时候，如果稍微透露出这项任务或项目与他们存在着某些切身利益时，比如绩效、奖金或可能的设备改善等，就会很容易促使他们发生态度上的明显转变，迸发出高涨的动力和热情。

发明发电机的英国著名物理学家法拉第，因为缺乏研究资金，于是向当时的英国政府首相史蒂芬求助。

当时，法拉第是带着自己的发电机样机去拜访史蒂芬首相的，向他详细介绍自己发明的这台发动机，指出它能带来的种种好处，以及有如何跨时代的意义等。

史蒂芬首相的反应非常冷淡，表现出一副漠不关心的样子。当史蒂芬首相终于变得有些不耐烦，开始皱起眉头的时候，法拉第说道："首相先生，如果发电机能大范围应用的话，税收一定可以增加。"

这句话让史蒂芬首相眼前一亮，立刻改变了原来的态度，非常热情地邀请法拉第再详细地介绍这一发明。

史蒂芬首相之所以改变态度，是因为法拉第将发电机的发明和推广与他最为关注的国家利益联系起来——发电机若是普及，必将创造大量利润，必能增加国家税收，为史蒂芬首相的执政带来好处。

所以，第一次当主管的你需要以合适的方式，激发员工的内驱力和工作热情，用利益联系你我他，否则将可能劳而无功。

第七章

挥动手中的大棒和胡萝卜

调动起员工的热情，发挥他们所有的聪明才智

当你发现你的员工可能也是一个“菜鸟”——新进职场，没有多少职场经验可言的时候，第一次当主管的你会如何管理呢？

联想前总裁柳传志认为，员工刚进公司素质不高，并不是主管的错，经过一段时间后还是没有提升，就一定是主管的错了。

由此可见，在新进员工的成长过程中，你需要注意对新进员工进行有针对性的培养，建立起人才培养的有效机制，才能使员工不断成长。

团队中的任何一个员工所关心的，除了福利、待遇之外，最重要的便是自身的发展。

如果你能给员工一个发展平台，员工便有了展现个人才华的好机会，就有了发展的空间。如果员工看不到自己的发展空间，看不到团队的发展前景，就会对团队的任何刺激、激励都毫无感觉，爆发不出热情，更别提

与团队同甘共苦、患难与共了。这样的团队，也就没有了任何发展的前途，做主管的也会走向失败。

“方太厨具”是一个仅用了20年时间就实现了从无到有的行业品牌，在全国200多家抽油烟机品牌中排名第一。它是如何做到的呢？

“方太”的董事长茅理翔是个不仅有商业头脑，而且有一套员工管理哲学的人。他认为，要管理好团队中的每一个人，就必须首先管好自己的“身边人”。

对于这些“身边人”，茅理翔一方面把他们当作其他员工的榜样，另一方面因为对“身边人”不会手下留情，又会杜绝一些潜在的违纪违规者。

于是，这些长期处在董事长、总经理身边的人，就会成为其他人的目标，激励着其他员工不断前进。

茅理翔还为全体员工提供了发展个人愿景的空间，提供了让他们脱颖而出的机会，保证他们的创造力、自我实现的奉献精神都能有用武之地。

茅理翔倡导人才在团队内部的合理流动，在预防人才跳槽的同时又能激励员工，促使其发挥自己的聪明才智，为公司创造价值。

茅理翔还非常懂得尊重员工。他知道不重视员工的感受会大大打击他们的积极性，如果让他们仅仅是为了获取报酬而工作，任凭团队出台什么样的激励方案，都不会收到理想的效果。

茅理翔的管理故事给你带来了哪些启示呢？那就是，第一次当主管的你要懂得用巧妙的手段管理员工，而不是用手中的权力胡乱指挥，否则只会增加员工的心理压力。

戴尔·卡耐基认为："应当调动起员工的热情，发挥他们所有的聪明才智。"

这是第一次当主管的你在上任之初就应当确立的重要理念，恰当的途径就是让员工了解他的成长空间，引导他更多关注团队的发展，关注团队发展中的新机会，并以培训机制帮助员工认识自己，帮助他们在团队中找到自己的位置和适合自己的职业发展机会，努力帮助他们实现成长，实现个人价值。

用比自己牛的人，你才能更牛

发现、识别并起用人才，是第一次当主管的你的一个重要任务。如果碰到一些比自己更为优秀的人才，身为主管的你要以足够开阔的心胸接纳他们，对他们委以重任，才能赢得不可估量的“财富”。

美国“钢铁大王”安德鲁·卡内基的墓碑上，就刻着这样一句话：“一位知道选用比他本人能力更强的人来为他工作的人安息在这里。”

卡内基曾说：“即使将我所有的工厂、设备、市场和资金全部夺去，只要保留我的技术人员和组织人员，四年之后，我将仍是‘钢铁大王’。”

卡内基之所以表现出这样的自信，就是因为他能发现人才、识别人才，然后起用他们，任由他们发挥个人的聪明才智，甚至对那些比自己能力更强的人也是如此。

虽然被称为“钢铁大王”，但卡内基对冶金技术却一窍不通。他之所以能成功，完全是因为他拥有卓越的识人和用人才能，总能找到精通冶金工业技术、擅长发明创造的人才为他服务，比如齐瓦勃。

齐瓦勃是一名很优秀的人才，原本只是卡内基钢铁公司的员工公司“布拉德钢铁厂”的一名工程师。

当卡内基知道齐瓦勃有超人的工作热情和杰出的管理才能后，马上提拔他升任为布拉德钢铁厂的厂长。

正因为有了齐瓦勃的管理，卡内基才敢说：“什么时候我想占领市场，什么时候市场就是我的，因为我能造出又便宜又好的钢材。”

几年后，表现出众的齐瓦勃又被任命为卡内基钢铁公司的董事长，成了卡内基钢铁公司的灵魂人物。

在齐瓦勃担任董事长的第七年，当时控制着美国铁路命脉的大财阀摩根，提出要与卡内基联合经营钢铁，并宣称如果卡内基拒绝，他就找卡内基的重要对手、当时位居美国钢铁第二位的贝斯列赫姆钢铁公司合作。

面对这样的压力，卡内基要求齐瓦勃按一份清单上的条件去与摩根谈判。齐瓦勃看过清单后，果断地对卡内基说：“按这些条件去谈，摩根肯定乐于接受，但你将损失一大笔钱，看来你对这件事没我调查得详细。”

听过齐瓦勃的分析后，卡内基承认自己高估了摩根，于是全权委托齐瓦勃与摩根谈判。事实证明，这次谈判取得了对卡内基有绝对优势的联合条件。

到20世纪初，卡内基钢铁公司已经成为当时世界上最大的钢铁公司。尽管卡内基是公司的最大股东，却不担任董事长、总经理之类的职务。他要做的，只是继续不断地发现并任用懂技术、懂管理的杰出人才。

卡内基的做法，对很多团队管理者来说，都是一个杰出的范例和榜样。

上任伊始，第一次当主管的你可能不懂得如何去管理、任用你的团队成员，那么，发现、起用那些在专业技能上比你更牛的人，激励他们努力工作，为实现团队的总目标而努力，就成为一个最切实可行的办法。

在这一点上，马云的做法也可以拿来借鉴。

马云原本是英语老师，在互联网运用技术上远不如自己的员工。他认为，领导永远不能跟员工比技能，员工的技能肯定比领导的技能更优秀。他说："如果下面的人不比你强，说明你请错人了。但你要比他有眼光，要比他看得远。"

马云从来不跟工程师在技术细节上争论，从来不因技术问题吵架，因为马云在技术上没有优势。在工程师面前，马云觉得自己的地位与客户类似。他说："很重要的一个原因是没法吵架，他跟我说什么系统、软件，我都搞不懂。"

总之，用比自己牛的人，你的团队才能变得更牛，你也才能更牛。

赞美是激励员工最有效的“武器”

赞美是激励员工最有效的“武器”，能让第一次当主管的你在与员工的互动中占据主动，凝聚团队的执行力和协作力，挖掘员工的更多潜力。

美国“化妆品皇后”玫琳凯就非常善于用赞美的方式，来激励自己的员工。

玫琳凯认为，人们生来就是喜欢被人赞美而不是被批评的。所以，她将“赞美”作为重要的管理理念。

在团队中，从玫琳凯到基层主管，都努力去发现员工的优点，不放过任何一个赞美员工的机会。

有一次，业务督导海伦新招进一位美容顾问，由于经验不足，连续两次展销会都没有卖出一美元的化妆品。第三次展销会上，她终于卖出了35美元的产品。

尽管这35美元的产品与其他人一次卖出的一两百美元的产品相比，数目实在少得可怜，但海伦却大加赞赏：“你卖出了35美元，比前两次强多了！你很有前途的。”

海伦的诚恳赞扬，令这位美容顾问很受鼓舞。经过一番不懈的努力，她终于晋升为业务督导。

在玫琳凯看来，赞美可以激励员工发挥个人潜能，实现理想，建立信心，获得更快地成长。为此，她甚至出版了一本专门的月刊——《喝彩》杂志，刊载对销售新人、于团队有突出贡献的员工的书面表彰。整个团队因此出现了你追我赶的竞争局面，业务也蒸蒸日上，销售网络不断拓展，最终，玫琳凯成为对美国甚至世界都极具影响力的品牌。

玫琳凯认为，赞美这种有效而又不可思议的力量，能树立员工的自信、提高其工作热情和工作效率。这是一种不需要成本而效果显著的激励“武器”，值得主管经常去使用。

任何人都是需要被激励、被承认的。当一个人努力地完成一件事后，他希望至少有人对他说句“干得不错”。

没有不爱听好话的人，如果第一次当主管的你能在员工完成工作后，用恰当的词语来形容和赞美他，便是对他的最大激励。

作为主管，你必须看到员工的长处，记得经常肯定、赞美员工，这不仅能保持员工对你的好感，更能激发员工努力工作的干劲。

如今，不少主管总是担心“鼓励”会让员工生出自满情绪，所以审视员工时多着眼于犯下的错误，却没有注意到这可能让员工变得不耐烦，让他觉得你不尊重他的努力，因此变得情绪消极，不愿意积极工作。

从管理学角度看，员工犯错是正常的，你只需要鼓励他们改正那些错误——不仅要指出员工所犯的错误，也要让他心甘情愿地去改正，这样才能使员工在工作中尽量避免出错。

要让员工心甘情愿地改正错误，还需要有一定的技巧。

要及时表扬员工工作中的优点和进步。员工看到自己的工作得到了肯定，会保持不错的心情，这会让他比较容易接受你的指正，表现出更多的改正意愿来。这就是赞美的力量，能达到只用批评、指责所不能达成的效果。

赞美不要太夸张，一定要使用你熟悉也被员工接受的方式，即使是一句简单的"不错"，也可能实现对员工的赞美。

适当的肢体动作和面部表情，如与员工握手或拍他的肩膀，可以传达出你的真诚。

较正式的方式，如一封公开的表扬信、贴在电脑上的一个标签，可以让受表扬的员工看到，也可以被其他员工看到，也会起到激励的作用。

如果以上这些方式都不适合，你还可以通过其他人，间接地表达对员工的赞美。

巧用荣誉，调动员工的工作热情

对于第一次当主管的你来说，给员工以应有的荣誉，是个很好的激励方法。

正如法国小说家巴尔扎克所说的，“一切名声都享有一种难以想象的威信，而不管名声从何而来”，说的就是这个意思。

法国哲学家帕斯卡对此也说过：“名望的滋味如此甘美，所以我们热爱自己接触到的与它有关的一切——甚至死亡。”

可见，名誉对于一个人确实有着非比寻常的重要作用，它能让人为之而努力、奋斗。

有一家运输公司，每年都会有约6%的货物被送错地方，需要因此支付30万美元的赔偿金。之所以造成这样的结果，是因为每次员工都有可能看错送货单。这让公司的管理层头疼不已。

为了降低送货错误率，管理层特别邀请了管理学专家威尔博士前来解决这个问题。威尔博士建议：给所有送货的工人或司机一个“技术员”的头衔。

这让公司的管理者们都有些不理解：单单是一个头衔，就能转变这种情况吗？他们对威尔博士的办法将信将疑，威尔博士却坚持说，这是一劳永逸、彻底解决这个问题的办法。

没过多久，员工的服务质量果然有了大幅提高。原来始终存在的6%的送货错误率，一下子降到了1%以下，也就是说，仅仅是给了工人一个头衔，就让这家运输公司每年节省了25万美元。

其实，威尔博士正是使用了行为心理学中的一个机制：得到他人的肯定和欣赏，能对人的心理起到正面强化的作用。这种心理机制能让人们更认可自己的行为，提高自尊和自信。

相对的，如果使用批评和惩罚，就会带来负面影响。

可见，如果能在团队管理中利用好这种心理机制，运用好肯定、赞扬的方式，就能激发出员工的干劲来，即使是面对一些让人提不起精神的琐事或麻烦的工作时，也能顺利解决。

如果将这种心理机制与好胜心叠加，就可能让员工树立超越自己、超越他人、争取更大成功的心态，对于你的团队管理将有着重要的推动作用。

“荣誉感”能给人们带来财富、领袖地位，与“能力”更是息息相关。从个人能力出发，人们便会产生不同的心理状态，佐证自己的个人能力。

因此，为员工授予荣誉是激发员工工作热情的一把“利器”。每个人的内心深处，实际上都有好胜、争强的因子，差别只在于不是所有人都激发出来了而已。

激发员工的好胜心固然能激发员工的斗志，促使其努力工作去竞争，去争取荣誉，但是也应注意避免员工因好胜心而变得急功近利，甚至导致员工间生出彼此攀比的风气。下面这个故事中，就很好地利用了人们的好胜心。

有个炼钢车间总是不能完成任务，厂长为了能完成任务，下到该车间与工人一起加班，有厂长在，工作效率自然比平时要高。

临下班时，厂长问一个当班的工人：“我们今天炼了几炉？”

“6炉。”工人回答道。

于是，厂长要了支粉笔，在车间的地面上写了一个大大的“6”。

夜班工人接班后，见到了这个“6”，便问是怎么回事，白班工人不无自豪地说：“这是我们今天的工作成绩，是厂长替我们写的。”

夜班工人听后非常不服气，憋足了劲非要超过白班工人不可。第二天，白班工人接班时，看见地上写了一个大大的“7”。白班工人也不服气，下班时郑重地在地上写下了一个特大的“10”。

就这样，炼钢车间的任务，在工人的自觉竞争中顺利完成了。

可见，每个人的心里都有希望获得别人肯定和认可的欲望，尤其是获得比自己优秀、社会地位比自己高的人的肯定，更能激发个人的无穷干劲。

一个美国纺织厂的老板也采用了这种激励方法。

他原本打算给工人们买一些价格较高的新椅子，供工人在工作台上休息时使用，作为一件普通的福利设施。

后来，他动了动脑筋，竟把它变成了一种激励机制：任何人超过了每小时的工作定额，接下来的一个月里，就拥有了椅子的使用权。

这还不是最特别的，老板还规定，颁发椅子时，他会请获奖的工人坐在上面，由他亲自将获奖者推回车间，接受工友们的祝贺。

通过向工人授予荣誉的方式，他真的调动起了工人的积极性。就是这种“僧多粥少”的椅子，成为工人竞争的目标，无论是保住它还是抢到它，都成为个人荣誉的象征。

既要敢于批评，也要善于安抚

俗话说："金无足赤，人无完人。"任何人都有犯错误的时候，作为重要的管理手段之一，批评的最大作用在于纠正员工的错误，使其保持正确的做法和行为，重新找到最佳的工作方式。从管理效果来看，批评的唯一功能是使员工避免在同样场景中犯错，甚至有更好的表现。

并不是所有的主管都喜欢或敢于批评员工的，也并不是所有的主管都能在批评员工时清楚表达自己的想法。如果是这样，他们就都没有很好地使用"批评"这一管理手段。

从心理学角度看，上面这两种情况是因为主管在批评员工时会有恐惧感和负罪感，其中恐惧感是害怕员工会讨厌自己或辞职不干，负罪感则是他们发自本心的不想伤害员工。这两种心理固然与主管曾经的失败经历有关，实际上也与他们的批评方式有莫大的关联，可能他们从一开始就没有掌握“批评”的真谛，没有找到批评的“正确方式”。要想学会批评员工，首先要矫正上面这些心理问题。

批评和表扬一样，都是管理的重要手段，目的是为了让员工更有自信，获得工作的动力。只是表扬并不能总是促使员工成长，反而是批评更能让员工看到自己还没有觉察到的需要进步的地方。

心理学研究表明，无论是正反馈还是负反馈，都是正常的反馈关系，相比之下，没有反馈才最糟糕。

人们都需要通过别人的反馈来证明自己的存在，没有反馈会让员工变得忐忑不安。如果你是因为恐惧感或负罪感而不敢批评的话，那在员工看来则可能是你对他不关心，甚至无视他的存在。

正确的批评应当是指出员工的问题，提出改正的方案，并发现对方可以继续成长的方面。

那么，如何批评才能既好又巧呢？一般来说，你需要在批评时向员工表达对其工作的认可，表达对员工的成长期待，指明员工改正错误后对工作的贡献以及对团队的重要意义。像下面这个事例中销售部经理的做法，就非常不可取。

正在与同事有说有笑的艾达，口袋里的手机突然响了。她一看是经理办公室的电话，连忙接通：“经理……”

“艾达，你到我办公室来一趟！”

销售部经理“啪”的一声挂了电话，让刚刚还有说有笑的艾达一下子心惊胆战，她忐忑不安地走进了经理办公室。

“你最近怎么回事，自己看看这个月的销售成绩有多差劲？你看看别人，就连新来的安吉拉也比你强。你以为我给你这么高的工资你就不用工作了？你这个‘销售冠军’要是不能坐得住的话，就别跟我再提加薪的事了。”

艾达被销售部经理的一通连珠炮轰炸得不知所措。

“经理，你听我解释……”艾达想趁此机会沟通一下工作中的问题。

“我不想听解释，你自己回去好好反省吧。我给你一次机会，要是下个月你的业绩还不能上来，那你的年终奖金就不发了。好了，我还有事，你出去吧。”经理不耐烦地挥手示意。

艾达无奈地走出经理办公室，想起经理那咄咄逼人的架势，心里就非常窝火。由于被经理分派到新开发的市场，客户数量不多，销售额自然不能与成熟市场相比。安吉拉虽说是新员工，刚进公司就被安排到成熟的老市场，客源稳定充分，客户关系网坚固牢靠。

艾达心里觉得经理只看数字，不问事实，所以觉得委屈，工作情绪也不高了。

很显然，这个事例中的经理对艾达的批评是非常片面的，不是正确的批评方式。

不管采取什么样的形式，都需要在批评的同时向员工传达对他的工作的认可和成长期望。艾达的经理对艾达的批评过程，显然是忽视了这一点。

批评时还需注意，不是员工的所有行为都可以批评，通常一次只可批评一件事，且不可持续太长时间。

评价一次批评是否得到了实效，是要看员工在被批评后是否会采取积极的行动去改变。如果在批评过程中，第一次当主管的你也像艾达的经理那样把艾达与其他员工比，对员工进行言语攻击或冰冷的否定，将无法取得理想的效果。

批评一般需要在封闭的处所秘密进行，只有与员工单独交谈，让他体会到你对他的关怀，才能让他愿意正视自己的问题与错误。

批评还要避免背后批评，一定要当面指出，让员工清楚自己犯下了什么样的错误，避免激发矛盾。

想要带好一个团队，一定要在批评之后再及时地对员工进行安抚，这是批评中的一个重要环节。

一般来说，对于员工的改变和进步，不管大小都要认可，并且要当面表达对员工的认可。如果不关注员工的进步，只是一味指责员工的缺点，就会让员工丧失工作的热情和动力。

你还要在员工需要的时候，提一些你对他的建议，如果员工不需要则不要乱说，以免让员工觉得你对他不够信任，认为你是在多管闲事。

必要的时候，你要懂得以鼓励、督促的方式加快员工的进步速度，让员工感受到被关注，在工作上取得更快的进步。

想留住人才，就要帮助他们实现个人成长

据一项调查显示，80%的人在“跳槽”时是主动辞职、另谋高就的，只有约20%的人是遭到了原公司的辞退。

为何“跳槽率”如此之高呢？

一个很大的原因就是这些选择跳槽的人，在团队内找不到自己的方向和存在感，也看不到自己的成长空间，在日复一日的重复工作中产生了厌倦感。

第一次当主管的你是否愿意给他们提供一个更好的发展空间，让他们看到留下来的美好前景呢？这是对你个人能力的一场考验。

IBM（国际商业机器公司）中国有限公司每年都要进行一次绩效考核，根据考核结果分为一、二、三、四等，其中确定第四等为“不合格”。

对于“不合格”的员工，IBM一般会做具体的分析，并给予改正和提

高的机会。IBM不能容忍员工犯两种错误：一是违法；二是违背职业道德。如果有人犯了这两个最不能容忍的错误，就会被开除。

当然，开除员工是IBM的硬性制度，使用不多，更多的是积极为考核“不合格”的员工提供培训机会，帮助员工赢得更多成长空间。

沃尔玛非常重视员工的个人成长，一直致力于耕耘国际市场，不仅跻身于“全球500强”行列，在世界各地的员工也增加到约110万人。

沃尔玛的用人原则曾出现过明显的变化，由原来的“获得、留住、成长”转变为“留住、成长、获得”。这充分体现了沃尔玛对员工的培养方针，从人才贫乏时由外部聘用转变为从原有员工中培养、选拔优秀人才，让员工感觉到自己有更多的成长空间，也就有了更多留下来的意愿。

每一个人都会有关于个人成长的想法，都会认为自己的想法是正确的。所以，第一次当主管的你的聪明做法，就是为你的每个员工都制订一个适合他的成长计划。只有先实现了员工的个人成长，才能实现团队的快速增长，团队也才会变得更有希望。

如科技公司朗讯科技，就是通过积极为员工制订职业规划，来帮助员工实现职业生涯规划的。

当一名新员工进入团队后，部门经理会与他进行一次深入的谈话，内容主要是：来到本团队后，你对个人发展有何打算？一年之内要达到什么目标？三年之内要达到什么目标？为了实现目标，除个人努力外，需要团队提供什么样的帮助？

在朗讯科技，每到年末，部门经理都要与员工一起对照上一年的规划进行检查，并制订下一年的规划。

朗讯还针对特定的工作，让员工填写一份资历调查表，包括员工的工作经验、学历、兴趣、特长和个人关系等内容，以此作为判断员工能否胜任的标准。

在上任之初，你需要去了解每个员工的过去、现在和将来，用过去的经历和现在的工作状态来判别他能否胜任工作，用未来的职业成长计划来激励员工努力成长。当员工能感受到有足够的空间供他成长，就能展现出更多潜力来。

重新审视“工作狂”

也许很多人会因为沉迷于工作受到别人的追捧，甚至被视为一种团队文化而大受赞颂。通常，人们称这种人为“工作狂”。第一次当主管的你如何看待“工作狂”呢?

“工作狂”通常会强制自己沉迷于工作，并持续较长时间，表现出对通宵达旦、加班加点工作的热衷，甚至会随时准备着在办公室打地铺。这些人以累死在项目中为荣，对他们来说，再大的工作量也不在话下。

如果你认为拼命工作、把团队当家就能带来成功的话，那就大错特错了。因为一般人的工作，通常会将5%～10%的工作用在处理重要事务上。如果你每周都费力地工作80个小时，可能累计只有3个小时、5个小时或10个小时的工作是有用的，其余的时间可能就像是动物在转着圈子奔跑。

因此，“工作狂”绝对不是走向成功的保证，也不是成为成功者的必备要求。

意大利帕多瓦大学的最新研究发现，过分沉迷于工作是一种既伤身体又影响效率的行为。该研究小组调查了私人团队中的322位员工在15个月内的表现，每个被调查者都需要填写一份自我评估报告，以用来确定他们的“工作狂”特征等级。

心理学家对他们进行了心理压力测评，还请主管对员工的工作表现进行了评估，甚至将员工休病假的时长也纳入了考察范围。

结果显示，强制自己过度工作的员工在心理与生理上需要承受较高的压力，工作表现变差后请病假、缺席工作的时间也比常人稍长。

研究者据此认为，“工作狂”会经常加班加点或者把工作带回家做，也有的会把太多时间用在思考工作或是把过多感情投入工作中，根本没有时间用于自我“恢复”。

研究者强调，努力工作之后必须有适当的时间，才能将个人的生理与心理恢复到正常水平，从而保障身体机能恢复到最佳状态。

美国效率专家克雷格·贾罗认为，接到任务后马上着手去做、不在背后闲聊八卦、处理事情不拖拉或半途而废、学会拒绝自己职责范围以外的任务等，都可以帮助人们提高工作效率，让自己更有能力处理在工作、生活中遇到的问题。

因此，“工作狂”的行为完全是没有必要的。过多的工作并不代表你更关注你的工作，也不代表你为工作做出了更多贡献，它仅仅意味着你干了更多的工作量而已。

也有很多“工作狂”为解决问题带来了更多的麻烦，甚至远比解决掉的问题还要多，且其中一些完全不得要领。

在他们看来，思维上的惰性是可以靠蛮力来弥补的，所以更愿意花费大把的时间去解决问题，结果折腾出了一堆粗略无用的解决方案。

团队中的那些所谓“英雄”事迹和业绩，其实也是在他们所“钟情”的加班加点中完成的，而非寻求到了高效解决问题的途径。

这让他们更能感觉自己像个“英雄”，甚至沉迷于自己所描绘的“英雄”形象中难以自拔。

所以，第一次当主管的你要注意团队中是否有为了工作而工作的员工，因为他的价值观和决策方式可能已经出现了扭曲，已经没有能力去判断哪些工作值得做、哪些工作该放弃了。

“工作狂”的存在，也会令那些不以加班为乐的员工无所适从。如果你发现团队中出现了“工作狂”扎堆的现象，那么整个团队就可能会被带入“义务加班”的状态中，甚至那些“义务加班”实际上并没有多少效率。时间久了，整个团队都有可能走向歧途。

造成“工作狂”的原因，可能是这些人没有好的工作习惯，或是缺乏有效的时间管理，不能在8小时内集中精力完成工作，也不能把工作按轻重缓急进行区别，然后统筹安排自己的工作进度。

需要注意的是，时间长短并不是衡量“工作狂”的唯一指标。情绪是否高涨、是否全身心投入，也是衡量一个员工敬业程度的重要标准。

当团队中出现了疑似“工作狂”的时候，你要认真区别他到底是在为增加劳动成果而忙碌，还是通过积累工作时间来完成标准时间里做不完的工作。

如果是后者，那么你就应该考虑警告这种消磨时间又不见效果的行为了，甚至直接将他清除出去。

你还要摒弃头脑中的“工作狂”情结，因为“工作狂”从来都不是“英雄”，也不应当被当作“标杆”——他们不过是浪费时间而已。

真正的“英雄”，是那些早已想出办法搞定一切，当“加班狂”仍在努力工作时就已经下班回家的人。

在员工开始做事的时候，就告诉他“只有一次机会”

杰克·韦尔奇认为，任何一个团队中都有一个动态的曲线，其中最优秀的有20%，最不优秀的有10%，处于中间状态的则有70%。一个合格的主管应当随时掌握最优秀的20%和最不优秀的10%的人的姓名和职位，以便实施准确的奖惩措施，进而带动中间状态的70%。

这就是杰克·韦尔奇的用人的“活力曲线”。

第一次当主管的你不妨也按这个标准，对你的员工进行一下划分。那么问题是，当业务考核结束后，你会如何对待最不优秀的10%呢？

麦瑞·格雷姆刚从大学毕业，在芝加哥附近的一家卖酒的公司当销售助理。他每天的工作就是开着自己的汽车整日奔波在74号州际公路上，把一箱箱酒卖给酒店，每周工作35个小时，领大约40000美元的年薪。不管多么拼命工作，他从未完成过每月的工作定额。

麦瑞觉得这没有关系，而且他的上司也一直没有找他谈过话。渐渐地，就算没有完成工作定额，他也不会感觉到有什么压力了。

一个寒风刺骨的冬夜，他的上司终于把他叫到了办公室。麦瑞心中有些疑惑，刚进门就遭到了上司的一通劈头盖脸的训斥，责备他妨害了经营利润。麦瑞吓得愣住了，什么也没来得及说，也不知道该说什么。

他没想到在这时候，上司居然还会为这个问题找他的麻烦。上司一直骂个不停，还对他的职业道德产生了怀疑。最后，上司说："你被开除了！"

整个过程中，有一名主管自始至终都保持着沉默，等到上司说完了，他拍拍麦瑞的肩膀，说了几句鼓励的话，就叫他走人了。于是，麦瑞成为当初一起来这家公司做销售助理的4个人中唯一被解聘的那个人。

很显然，麦瑞就是团队考核中的那10%中的一员。在团队管理中，虽然因工作业绩差而遭解聘有点不近人情，却能实实在在地提升一个团队的绩效管理水平。这就是欧美大部分企业中实行的"末位淘汰"机制。

也许你会认为，员工即使在业绩上暂时落后也还有机会、还有时间，然而当员工说"时间还没到""还没最后定下来"这类话的时候，其实也就意味着他会在这种自我宽慰的同时放松心态，不会为改变自己的现状而做点儿什么了。

与之相对的，如果你在员工做事的时候就告诉他"只有一次机会"，那么他就会变得更为大胆，甚至会有超乎寻常的表现。他会在没有丝毫抵抗的情况下采取行动，对"只有一次""最后一次"这类的字眼保持着特别的畏惧感。

于是，“末位淘汰”机制就有了“用武之地”。它不用你经常告诫员工“这是最后的时间”“你最后的机会”之类的话语，一刻不得闲地紧盯着员工去做事，而是让员工心生危机意识，拼尽全部努力使自己不成为最差的那10%。

保持团队的新陈代谢，让能者上、庸者下、劣者汰

在一个团队中，只有建立起能让人才自由流动的机制，才能保证团队的正常成长，才能保证团队是有活力的。

第一次当主管的你要从一开始就确立“能者上、庸者下、劣者汰”的人才机制，让员工自觉地发挥出自己的最好水平来。

著名管理学家彼得博士曾对团队中的每一个“不胜任”行为进行过观察，渐渐意识到了一种规律的存在——在多层级组织中，每个人都会由原本能胜任的职位晋升到他无法胜任的职位。

这就是20世纪社会心理领域最具洞察力的创见，被称为“彼得原理”。

这个现象一般出现在团队日益成熟之时。在此之前，团队因初创而保持高速成长，呈现出朝气蓬勃、创意不断的整体面貌，员工的才智也有运用得当的地方。在这段时间里，团队中的每个员工都会在各自的岗位上，

对团队做出自己的贡献。

当“彼得原理”的症状出现时，团队官僚主义也就随之出现了。它会逐渐限制优秀员工的表现，让无能平庸的员工保持与优秀员工平等的待遇和机会，甚至会让能力平庸者成为优秀者的上级，对团队造成严重的负面影响。

可见，贯彻“能者上、庸者下、劣者汰”的人才机制，是确保团队保持长久活力的重要保证。

百事可乐公司创建于1898年，它的产品在国际市场上长盛不衰，畅销全球。然而，是什么让百事可乐公司能保持这种长盛不衰的局面呢？

原来，它坚持“要么向上发展，要么向外走人”的管理标准和强硬的淘汰手段，坚持从优胜劣汰的用人原则出发，根据所有员工不同的工作能力，以不同的审核标准对员工进行专业的业绩考核。

对于那些没有达到标准的员工，百事可乐会安排他们接受一段时间的学习提高；对于达标的员工则会在第二年适当提高考核的标准。

考核成绩“优秀”的会得到晋升；考核成绩“合格”的也会有晋升的可能，但不能立即得到安排；考核成绩“一般”的需要在原工作岗位上多工作一段时间或是接受专门的培训，考核成绩“最差”的则面临被淘汰。

通过这套考核制度，百事可乐留下了优秀的人才，淘汰了最差的员工，减少了不必要的开支，创造了更大的效益。这就是百事可乐取得成功的秘诀所在。

然而，我们总能见到一些团队和个人，不是被无谓地浪费掉，就是未能得到充分使用，无论对团队还是个人都造成了极大浪费。

就像生物需要靠新陈代谢保持生命力一样，团队也需要以“优胜劣汰”的淘汰机制来实现对自身的优化，为团队输入新鲜的活力和元素。

在这个过程中，第一次当主管的你只有敢于坚持“能者上、庸者下、劣者汰”的用人原则，才能使团队管理真正运行在正确的轨道上。

总之，想提高团队的效益、改善绩效管理，你就必须在用人问题上坚持原则，不被私人感情左右。

及时止损：用小“惩罚”博取大“利益”

在犯罪学理论中，由詹姆士·威尔逊和乔治·凯林共同提出的“破窗理论”，是非常著名且重要的一个理论：

如果一所房子的窗户破了却没有人及时修补，过不了多久，这所房子的其他窗户也会被人打破；

如果一面墙上的涂鸦没有被及时清洗掉，过不了多久，这面墙上就会布满了乱七八糟、不堪入目的涂鸦；

在一个很干净的地方，人们往往都不好意思丢垃圾，一旦地上出现垃圾却没有人及时清扫，人们就会毫不犹豫地抛洒垃圾，丝毫不为此感到羞愧。

由此可见，环境确实可以对一个人产生强烈的暗示和诱导因素。无论是破损的窗户、被涂鸦的墙壁还是没有及时清扫的干净处所，一旦破坏行为不受约束，就会成为一些人做出更多破坏性举动的借口，甚至会招致犯罪。

美国有一家公司极少辞退职工。有一天，一个叫杰瑞的工人为了赶在中午休息前完成2/3的零件加工任务，就把切割刀前的防护挡板卸下来放在一旁，以便可以更快捷一点。

大约一个小时后，杰瑞的举动被巡视车间的主管看到了。主管大怒，除了让杰瑞立即装上防护挡板外，还大声怒斥了半天，表示要把杰瑞一整天的工作量都作废。

经受过主管的一顿训斥之后，杰瑞以为这件事就这样结束了。没想到第二天一上班，他就被通知去见CEO。在那间曾接受过多次鼓励与表彰的办公室里，他接到了辞退他的处罚通知单。

CEO很不舍得让杰瑞离开，但仍然对杰瑞说："身为老员工，你应该比任何人更明白安全对公司意味着什么。你少完成的零件数、少实现的利润，公司可以换个人、换个时间弥补，可你一旦发生事故，那将是公司永远补偿不起的。如果我不处罚你，其他人就会觉得这样做没什么，就会有越来越多的人效仿你的做法。"

离开公司的那天，杰瑞流泪了。在这里工作的几年里，杰瑞风光过也犯过错误，但从没像现在这样受到被辞退的处罚。

可见，团队中有错误或偏差的行为发生时，如果第一次当主管的你不立即处理，时间久了就会导致其他员工效仿，影响团队的正常运作。

所以，你必须照章办事，该罚的就一定罚，该罚多少就罚多少，容不得半点儿宽容。

西方管理学中有一种惩罚原则叫作“热炉法则”，即员工在工作中违反了规章制度，一定要让他像摸到了烧红的“火炉”一样被“烫伤”。在团队中，“火炉”就是各项规章制度，对所有人都保持着强大的威慑。

总之，对于第一次当主管的你来说，执行处罚决定时，要“说到做到”，严正彻底。

剔除最差的10%

第一次当主管的你与员工的合作肯定不会是一帆风顺的，肯定会出现这样那样的问题。几乎任何团队中都会有几个这样的员工——他们不会为团队做出什么实质的贡献，反而会成为团队的拖累。他们可能会表现出强大的破坏力，让你对他们另眼相看。他们能使整个团队迅速变成一盘散沙，就像能工巧匠精心制作的瓷器一秒钟就会被打破一样。

对于这样的员工，身为主管的你要及时、迅速地将他们清除出你的团队，以使整个团队恢复到高效运作的状态。

杰克·韦尔奇就非常善于迅速清除这类员工。在担任通用电气CEO期间，他要求每一家分公司的高管都按照“20%—70%—10%”的原则，对员工进行分类排序，他将他们归纳为A、B、C三类员工。

A类员工往往是激情满怀、思想开阔、富有远见的，他们不仅自身充满活力，还能对周围同事提供有效帮助。他们会使团队保持较高的生产效率，富有情趣的团队氛围。

B类员工是团队的主体，对团队的运营成败起到了关键作用，也是每个团队都需要投入大量精力重点关照的一类人，他们中的一部分具有成为A类员工的能力和潜质。

C类员工被杰克·韦尔奇称为“烂苹果员工”。他们往往不能胜任自己的工作，不能激励别人，也无法实现既定的计划、目标。主管在他们身上的任何努力都被证明是在浪费时间，他们对团队的贡献几乎为零。

区分出三类员工后，杰克·韦尔奇就按照等级进行奖惩。规定对A类员工的奖励应是B类员工的2～3倍，并获得通用电气的大量股票和期权。B类员工的业绩需要得到确认并相应地提高工资，大部分人也将得到通用电气的股票和期权。至于C类员工，不但什么奖励也得不到，还有可能被淘汰。

是的，杰克·韦尔奇所施行的就是“优胜劣汰”的末位淘汰制。

尽管很多主管觉得直接剔除业绩最差的10%显得残酷且野蛮，然而容忍落后员工的存在便是对优秀员工的伤害。

就像“破窗理论”一样，对任何一个看似细小、无序的破坏不加节制的话，都会引发更多更大的破坏行为。

所以，与其容忍这样的员工继续存在，继续危害团队利益，不如迅速将其从团队中清除出去，以确保整个团队的健康发展。